OTC

业绩密码

OTC业绩暴涨
密码及关键策略

郭鸿翔/著

中华工商联合出版社

图书在版编目(CIP)数据

OTC业绩密码：OTC药企业绩暴涨密码及关键策略 /
郭鸿翔著. -- 北京：中华工商联合出版社，2016.7

ISBN 978-7-5158-1731-6

Ⅰ.①O… Ⅱ.①郭… Ⅲ.①药品–市场营销 Ⅳ.
①F763

中国版本图书馆CIP数据核字（2016）第 159124 号

OTC 业绩密码：OTC 药企业绩暴涨密码及关键策略

作　　者：郭鸿翔

责任编辑：胡小英　邵桃炜

封面设计：周　源

责任审读：李　征

责任印制：迈致红

出版发行：中华工商联合出版社有限责任公司

印　　刷：三河市宏盛印务有限公司

版　　次：2016年8月第1版

印　　次：2016年8月第1次印刷

开　　本：710mm×1020mm　1/16

字　　数：190千字

印　　张：11.75

书　　号：ISBN 978-7-5158-1731-6

定　　价：42.00元

服务热线：010-58301130

销售热线：010-58302813

地址邮编：北京市西城区西环广场A座
　　　　　19-20层，100044

http://www.chgslcbs.cn

E-mail: cicap1202@sina.com(营销中心)

E-mail: gslzbs@sina.com(总编室)

序 ORDER

我和郭鸿翔老师从2009年开始合作，转眼已经快七年了。

大家都知道，在全国来讲，深圳的培训业是最发达的。就内训业绩提升模块而言，郭老师基于实战、基于企业营销战略和模式的销售训练体系独树一帜，项目质量很高。

郭鸿翔老师的项目有如下几个方面的特点：

第一，完全还原于实战，从实战中来，到实战中去。

郭鸿翔老师是从实战当中摸爬滚打出来的，不仅在营销型企业工作多年，而且在咨询培训公司工作的时间也很长，因此无论是实战能力还是对咨询工具的掌握在行业内都是屈指可数的。他在跟客户合作的时候，从来不坐而论道，夸夸其谈，或者像某些公司一样拿大而全但却不能落地的方案，他都是从实际出发，善于发现问题的关键点并制定切实可行的方案，解决在实战当中存在的问题。

第二，具有战略眼光，能够从全局战略出发，但又能以小见大，能从根本上解决问题。

在我多年跟第三方机构合作的过程中，我发现，作为"外脑"机构，要么战略很强，但缺乏落地的方案；要么不研究战略，只解决过程当中的小问题。也就是要么只抬头看路但却不拉车，要么只拉车不看路。其实，所有的"外脑"都知道战略要和战术相结合，但真能结合得很好的还真是不多见。郭老师是为数不多的具备战略全局眼光又能够以小见大的咨询顾问和销售教练。

第三，独创顾问+训练项目合作方式，比咨询更落地，比培训更实用。

郭老师在长期的项目实践当中研发出了一套独家的"顾问+训练"的合作方式，不仅能够帮助企业确定发展战略和商业模式，并且能够将企业战略、策略通过训练的方式让团队中的每一个人都掌握。这是一项很厉害的能力。对于团队技能和业绩提升训练方面，效果立竿见影。

第四，基于企业资源本身突破的合作方式。

很多咨询机构都会要求客户大幅度增加市场推广的预算，否则项目效果就可能受影响。但客户由于发展阶段不同，面临的市场环境也不一样，盲目投入的话很可能效果不明显甚至打了水漂，风险巨大。郭老师主要是基于企业实际的资源来梳理突破方案，重点在于提升团队作战能力以实现整体突破的目的，因此可以达到资源不变、业绩倍增的效果。

自从2009年下半年合作以来，全标药业的销售业绩从原来的6000万元增长到了4亿多元，销售额增长了7倍，市场区域也由原来的偏居深圳一隅扩展到了整个珠江三角洲，同时还在长江三角洲开始开展业务。

我们还将继续跟郭老师合作，相信红硕药企营销研究院能够不断为全国的医药企业创造价值！

钟利文

（深圳全标药业有限公司总经理）

前言 PREFACE

OTC（over the counter）即非处方药，非处方药的药品一般具有安全、有效、价廉、方便的特点，OTC已经成为一种产业，OTC生产也已成为一种获利空间巨大的领域。一家医药企业要实现OTC业绩增长，究竟有哪些要素起着关键作用？业绩暴涨的关键点究竟有哪些呢？从2007年开始，我与多家药企陆续开展了项目合作，渐渐地也有了一些成功的案例。与我合作的药企当中，在两年之内业绩达到四倍以上增长的比比皆是，于是我就开始研究这其中的规律，研究到底是哪些关键要素在起作用？把这些要素提炼出来复制到其他药企，是不是也一样能产生效果？就这样，经过长期的研究和探索，我摸索出了一套业绩暴涨的"密码"和关键要素，在实践当中运用，实践证明效果非常好！本书就是将我的研究成果系统地与大家分享，希望帮助众多企业提升业绩和提高管理效率。

要实现业绩暴涨，我发现有三个要素至为重要，就是产品、客户和成交率。首先，要对这三个关键要素的关键操作点及落地执行方案进行梳理。其次，有一个动作非常关键，它决定了企业战略、营销模式和策略能否落地，这个动作就是：必须对团队进行系统化训练，并且在公司营销体系内植入训练系统。一家公司虽然有很好的战略和营销模式，但效果仍不明显的主要原因就是没有建立科学的、有效的训练体系。最后，要有正确的模式和套路，有了正确的人，那么接下来就是高效管控。一家企业能够真正把以上三点做好，公司业绩的增长就有了基础。

下面，我们从解读业绩暴涨的关键要素、业绩提升训练、高效管控、培训中存在的问题、顾问+训练模式这五个方面，大致介绍一下业绩提升问题。

第一，关键要素解读。

在平常的经营中，看问题必须看到本质。业绩暴涨有三个关键要素，也可称为三个窗口，也是"业绩暴涨"这一问题的本质。把这三个窗口把握好、研究透，营销问题就解决了一大半。

第一个窗口是产品。很多经营问题是没有把产品搞清楚，所谓的没有把产品搞清楚，包含两个方面：一是对产品层次没有梳理。无论产品组合设计、政策设计、渠道指向、客户类型，还是终端表现，都没有按照科学的产品组合方式进行运营；二是对产品不甚明了。对单品及关联产品缺乏透彻的研究，即没有对卖点、疗效、药理、目标消费群体、痛点、关键话术、后续跟进等方面的梳理，因此导致OTC药企的营销人员主要按说明书上的内容卖，很多一线的OTC营销人员甚至连说明书的内容都不理解，这样只能是跟竞争对手拼价格。其实，对产品有透彻的了解，让每一个营销体系内的人员形成技能并烂熟于心，是业绩暴涨的关键要素。

第二个窗口是客户。在销售中，对目标客户、客户的把控是非常关键的，营销人员对每一类型客户的特征、关键需求、应对策略等要烂熟于心并形成潜意识。能够跟任何一类客户进行恰如其分的交流，挖掘对方的需求进而引导成交，销售业绩的提升是水到渠成的。

第三个窗口是成交率，这是"临门一脚"的功夫。有些销售人员的其他技能还不错，就是欠缺在"临门一脚"搞不定客户，成交不仅仅在于成交技巧的运用，成交的关键在于从见到客户那一刻起为最后的成交做铺垫，其次才是在沟通过程中发现成交信号并及时提出成交请求。

上述三个关键要素，每个都相对应多项销售人员必须掌握的技能，因此对于销售人员来讲，一定要掌握技能。技能就是能够用恰当的语言和肢体动作，表现出能够打动客户的话术和动作。

第二，行之有效的业绩提升训练。

我经常听到医药企业老板或培训负责人讲他们做了很多的培训，人员素质不错，培训的场面也不错，就是培训后只有三分钟热度，没有什么效果，对增长业绩也没什么帮助，因此削减培训费用甚至取消培训，这种情况在医药企业里屡见不鲜。培训真的没有什么作用吗？不，是方法不对！正确的方法是进行科学的、系统的、行之有效的业绩提升训练。

业绩提升训练要操作成功，必须将企业的营销模式、关键策略和动作落地，落地的关键不是培训，而是训练。如果"培训"的重点在"培"上，培训就只能停留在知识的传授上，而知识如果不能有效地转化成技能是没有什么作用的，只有训练才能把知识转化成技能。销售团队需要的是掌握技能，而不仅仅是知识。

医药企业一定要建立科学的、系统的训练体系。也就是说，不是安排企业的相关人员定期或不定期地对团队进行"训练"就可以，要把企业的营销模式、关键策略和对人的要求梳理成关键技能，通过训练的方式复制到每一个OTC营销人，通过有效地管控手段让每一个按照要求去在实战中呈现；同时，随着竞争态势和环境的变化不断精进和迭代，以实现业绩不断提升。

第三，高效的管控。

没有管理，就等于什么都没有，员工只会做你要求的，而不会做你想让他做的。因此高效的管控和激励手段是非常有必要的，这是业绩持续增长的重要手段。

管理的核心是人性，是人性的本质需求。人性不仅仅是物质上的需求，更重要的是精神上的需求，比如重要性、自由的需求、被认同和赞美、进步的需求等，因此在管理上一定不是简单的控制，一定是管控和激励相结合，激发人性正向的力量，使上下同欲、同心，形成你追我赶的营销势头，以此来确保每一个阶段运营目标的实现。

有效管控必须在公司运营体系内植入三大系统，这三大系统是：计划总结系统、数据分析系统和绩效考核系统。三大系统相互支撑，互为表里，由此完成高效管理系统的构建。

必须明确的是，互联网和智能手机端的蓬勃发展，能够实现以往很多管理上达不到的盲点，使管理变得更为简洁和高效，也使得营销手段更加灵活，在很多方面能够实现"病毒"性复制和"裂变"的效果，因而使OTC的业绩暴涨式增长具备了现实的可能。

第四，培训中存在的问题。

很多OTC企业的培训效果一般，时间长了培训者甚至会觉得培训没有什么作用而对培训产生怀疑。究其实质会发现，现在的OTC企业培训主要分两种，一种是企业内部组织的培训，另一种是上游厂家或经销商组织的培训，无论哪种培训均存在一定的问题，这些问题是导致OTC培训效果不佳的主要症结所在。这些问题主要表现在如下几个方面：

一是由不懂销售的专业的人员担任培训主要负责人，这是OTC培训中的第一大怪现象。不懂销售专业的人基本上只能就原材料讲原材料，就优势讲优势，他们不了解客户的特点和需求，只是站到自己的角度上按照自己专业的理解就产品讲产品，效果可想而知。有些比较聪慧的销售人员还能按照自己的理解将培训课程部分地转化为销售技能，一般销售人员只能是云里雾里跟着培训课瞎听一气，最后一点效果没有。

我们有一个四川成都的OTC客户，之前专门聘请了医药专业的人员负责培训，这个老师专业程度很高，也很敬业，但培训中就是就药理讲药理，就医学讲医学，完全不与实际的销售相结合，几年下来基本没有什么效果，甚至到后来公司通知大家参加培训大家也不愿意参加，认为培训没用，纯粹是浪费时间，勉强来参加的也听得很痛苦，在课堂上都希望快点结束，逃之夭夭。这就是完全不懂销售的人在做培训。完全不与实际相结合的培训对企业毫无用处，是企业资源的一种浪费。

二是泛泛而谈，没有与实际销售相结合。很多OTC培训除了产品培训外，也会有关于销售技能、心态等方面的培训，但大多是照本宣科、泛泛而谈。表面上看，场面效果还可以，老师讲完之后听众也不能说他讲得没有道理，但就是没有办法很好地应用，老师讲的理论在实践当中基本不能落地，不能解决实际销售中产生的问题。

三是对营销模式不了解，没有解决动销的关键环节和关键问题。很多培训师对营销体系和市场动态变化缺乏了解，也不知道不同的营销阶段要解决什么问题，在培训中眉毛胡子一把抓，什么都想涉足，又什么问题都解决不了，在培训中完全没有解决动销的关键环节和关键问题。

四是没有销售跟踪。培训之后没有跟踪很要命，因为销售不跟踪，一切皆成空，你培训的内容大家有没有应用？应用的效果如何？接下来如何调整？两眼一抹黑的培训效果可想而知。因此，培训后每天关注企业销售数据的动态变化并适时总结提升的跟踪管理动作是非常重要的，这甚至比训练本身还重要。

第五，顾问+训练模式。

要解决人员教育和销售业绩提升及管理效率执行力提升等问题，绝不只是简单的对人员进行培训就可以，一定要对人员进行训练！因为培训与训练有本质的区别，两者遵循的逻辑不一样。培训是我讲你听，你能不能做好是你的事；而训练是我讲你听，我做你看，你讲我听，你做我看，出现问题再改善的逻辑。

简单培训（咨询）已成过去式，顾问+训练才是王道。那么，OTC药企以及连锁药店的销售团队究竟该如何实施顾问+训练模式呢？

一是确定营销模式和关键训练目标。一定要根据公司整体的营销战略和关键策略梳理出自己的营销模式，确定了营销模式，才能梳理出销售团队的关键技能指向，训练才能有的放矢，另外要制定阶段性的训练目标、关键训练工作内容和完成标准。这是训练最终成败的关键，也是众多培训最容易忽视的环节。

二是提炼关键技能并编写教材，并在这个过程中教育OTC药企的中层管理人员。阶段性的训练一定要根据训练目标和市场的实际提炼关键技能、了解技能呈现的关键动作和话术是什么、在训练中轻重缓急如何控制、实现什么样的训练目标，也就是说在每次训练之前要把训练内容设计好，编成实用型的教材，这也是训练的一个关键环节。另外，在训练内容设计的时候可以尽量让众多中层营销管理人员参与进来，让他们对训练内容和训练目标有透彻的理解，使大家在理念上达成高度统一，便于训练的执行和主力黄金单品的快速上量。

三是批次专项销售训练，在训练当中注意训前动员、训后总结和核心人员的表态。训练内容设计好之后安排专项训练，在训练中有训前辅导会和训前动员，让大家知道本次训练要达成什么销售目标、要训练什么内容、为什么要训练、对每个人有什么好处……这样团队的训练信心就会大增；训后要对本次训练进行总结，关键人员要发表感想并表态接下来怎么做、实现什么目标，训练后导入PK销售竞赛机制，效果会更加明显。

四是训后跟踪。训后跟踪是检验训练效果、调整训练内容以及改善策略实施的关键节点，必须在训后进行每日销售跟踪并每日公布结果，在组织内部，做得好的人员要进行分享，并对组织进行每日指导和有针对性的简短训练。

五是每日分享和提升。业绩提升，绝对不能只是简单的一"培"了之，一定要通过训练的方式使每一家OCT企业、每一个OCT销售人员掌握关键的销售技能，设定目标，每日进行实战应用，同时在这个过程中进行跟踪和指导，这样业绩才能快速提升，训练才会在体系内部迸发出巨大的能量，实现管理提升乃至执行力提升的效果。

梳理上述内容，本书的结构首先从OTC业绩暴涨的产品、客户、成交率这三个要素出发，教给大家方法和套路；其次教给大家如何在企业内部开展行之有效的训练；最后在管理上给出指引方向，同时指出使团队上下同心和让团队自动自发的手段和方法。本书中重要的结论部分加入了相应的模板和工具，便于大家理解和掌握。

本书既传授了实现OTC业绩暴涨的路径，又教给大家实用的方法以及相应的配套工具。如果一线OTC销售人员能够结合自身的实际情况加以运用，相信一定能给企业发展带来价值。

郭鸿翔
2016年6月

目录CONTENTS

[第二章]

赢得信赖，与客户交朋友

[第三章]

不仅是成交，还有高客单价

[第四章]
训练"战无不胜"团队

[第五章]

高效管控

OTC

第一章

依托"黄金单品"，实现业绩暴涨

　　产品战略是药企的核心战略。在多年的市场实践中我们发现，凡是具有核心竞争能力并能持续发展的公司，都拥有一支或几支公司赖以生存的"黄金单品"，它们是公司的销量和利润来源，而不是依赖平均分配资源的方式来打造不同的产品或者动辄改变产品战略。药企必须坚决打造自己的"黄金单品"序列，因为这是药企利润持续增长的发动机。

第一节　打造"黄金单品"方阵

1. 产品战略是药企的核心战略

作为医药企业抑或药企业，人员、推广、企业运营等成本日渐高涨。OTC企业必须有自己的利润产品、销量产品、狙击产品组合，才能保障企业持续发展。

给医药企业带来丰厚利润的单品在业内有个专有名词——"黄金单品"。事实上，很多企业对于打造"黄金单品"也不是意识不到，但由于种种原因，药企、药企业往往在多个产品中难以取舍，在实践中很多时候采取资源平均分配的方式来运营产品，或者是朝三暮四，动辄调整产品策略，结果造成资源的极大浪费。

OTC医药企业需对自己的产品进行梳理，针对其定位、目标群体、市场潜力等方面进行综合分析，来甄选出自己要打造的主力单品，制定可行的运营方案，然后加以倾力打造。在此过程中，一旦"黄金单品"的产品战略定下来，就要坚决执行。

产品战略是核心战略，"黄金单品"是药企持续成长的关键！

2. "黄金单品"的选择四要素、推广五要点

一家企业要实现盈利，必须有自己的产品梯队，必须存在若干利润率高、销量高的黄金大单品来支撑整体的销售业绩和销售利润。一家企业可以有多支黄金大单品，就像一个舰队需要有航空母舰，也需要有诸多的护卫舰，在目标设定、资源投入方向、销售奖励机制的设计上可以有的放矢，形成稳定持续的利润来源。

OTC药企如何选择黄金单品？选择好后有哪些突破要点呢？

选择黄金单品要考虑如下四方面要素：

第一，单品要有足够的毛利润，这样才有足够的资源去推广。这里讲的毛利润主要是指单品的毛利额，而不是利润率。很多六折甚至八折的产品单价低，单品的利润额不高，如果将这样的产品作为主力推广，会由于资源匮乏而导致推广不力。显然，这些产品不是确定黄金单品的理想对象。设定黄金单品的零售价非常关键，原则上要"就高不就低"（当然也不是单价越高越好），只要不超过目标消费群体的消费能力就可以。

第二，单品的适用人群相对广泛或相关适应症的人群基数庞大。黄金单品不能选择那些疗效确切但人群少的药品，如治疗口腔溃疡的药品，虽然可能疗效好，但毕竟口腔溃疡的人数不多。要选择那些适用人群广泛的如维生素类、钙类、滋补类等产品，因为它们不仅适用于中老年人，还适

用于中年妇女、白领、教师乃至小孩子。还有一种产品虽然只适用于某一类人群，但是这类人群的消费潜力巨大，如妇科类产品，也是很好的黄金单品选择对象。

第三，单品疗效要确切，确实有好的治疗效果。黄金单品要有好的疗效才能形成持续购买和口碑效应，才能真正成长为黄金大单品，持续贡献销售额和利润。

第四，单品的药理不能太学术、太复杂。单品如果太学术、太复杂的话，销售人员不太能给客户讲清楚，会因此丧失购买机会。

当然，如果单品可以将复杂的问题简单化，也可以作为黄金单品的选择对象，这就考验着相关人员能否将学术和营销及消费者需求结合起来，并提炼出站到客户角度讲解产品的方法。举例来说，我们有一个OTC客户代理的单品桑椹膏，是江西杏林白马药业有限公司的产品，多年以来这个单品的上游厂家杏林白马都没有重视，但客户经过提炼以后发现这个单品可适应的人群很多，并且对中老年人常见的一些病症如上火、失眠睡眠不好、便秘、黄褐斑（气色不好）、女性月经不调、夜尿频多等疗效好，就把它作为黄金单品来打造，同时提炼出了针对不同类型的客户讲解产品的方法，通过训练教会销售团队如何卖，之后取得了非常好的效果，每年桑椹膏的销售业绩增长都在50%以上，成为该公司贡献利润的核心主力大单品。

选择好目标黄金单品后，接下来主要的推广运作要点有五点：

第一，要解决"会不会卖"的问题：必须对销售团队进行单品专项销售技能训练。

提炼黄金单品的专项技能很重要，比如针对不同类型的客户如何讲解产品、如何判断客户的需求、如何解决客户的异议、如何成交等，要把关于单品的关键技能提炼出来编成教材，通过训练的方式教给销售人员，让每一个销售员都知道这个单品有哪些适应人群，针对不同的人群如何去推荐和引导成交。

第二，必须解决"要不要卖"的问题：将打造黄金单品上升为公司意志，通过公司动员。

打造黄金单品必须变成公司意志，从上到下进行宣贯，公司要开动员会，管理干部要表态准备怎么卖，实现什么样的目标，管理干部要组织销售人员进行销售动员并制定单企业目标及个人目标。销售团队看到公司的态度和决心后就会建立信心，思想上就不敢懈怠。

第三，解决"销售想不想卖"的问题：设定目标，设置PK激励机制。

在销售队伍中导入销售竞赛机制，目标要细化到每一天、客单价以及每日的成交笔数，让企业与企业之间、销售与销售之间形成竞赛机制，每日公布前三名企业和销售员及销售不达标的企业及销售员，形成你追我赶的动销氛围。

第四，注重销售氛围的营造：包括专项陈列和广宣布置。

要投入资源进行推广，选择黄金陈列位，在陈列方式上要凸显气势，辅之以跳跳卡、海报等广宣布置，营造黄金单品的销售氛围。

第五，跟踪到每一个人每天实现的销售目标。

黄金单品的打造不能等十天半个月甚至一个月再来观察数据的变化，必须跟踪到每一天、每家企业乃至每个销售数据的变化，对做得好的营销人员在组织内给予表扬和鼓励，对做得差的分析原因，提出改善办法。

黄金单品的数量及销售业绩的持续稳定增长决定着OTC企业的当下和

未来，每个营销管理人员都必须在黄金单品的打造上狠下功夫，扎扎实实地做好黄金单品的打造工作。

第二节　制造动人体验

1. 你不是"卖药的"，你是客户的健康顾问

很多销售人员的销售额总是上不去，大多是因为自己的定位和思维模式出现了问题，如果一个销售人员把自己定位成推销药品的，那么在跟客户沟通的过程当中就会自觉不自觉地给客户推荐产品，想尽快成交，想尽快把客户的钱掏出来。这不是从客户需求的角度来推荐和介绍产品的做法，只会让客户产生抗拒，导致成交失败。一定要在脑海中建立一个信念：我不是销售，我是客户的健康顾问！

那么，一个合格的健康顾问要具备哪些素质呢？

第一，亲和力强，能够快速建立起信赖。

很难想象一个板着脸、充满抱怨、看什么都不顺眼的销售员会有很好的业绩。一个合格乃至优秀的健康顾问一定是有亲和力的人，善于聆听和赞美，能够快速地建立客户信赖。

第二，客户利益至上。

一个销售顾问不能永远自以为是，必须养成站在客户利益的立场思考问题的习惯，这样做才不是销售产品，才是真正为客户解决问题。

客户利益至上的习惯不是一朝一夕就能养成的，它跟一个人的气质和习惯包括从小受到的教育有莫大的关系，在这些方面欠缺的销售人员必须认清这一点并尽快改变。

第三，成交只是顺带的结果。

成交一定不是死缠乱打，也不是一定靠所谓"销售话术"的运用，也不是成交的时候才开始运用成交技巧来成交。这些外在的东西其实往往没有什么大的作用，过于注重这些外在的所谓技巧的卖弄，可能只会让客户逃之夭夭。

销售顾问要建立起这样的信念：成交不是在最后的促单，成交是正确提供解决方案之后顺带的结果。

第四，肯定+自信。

一个合格的健康顾问一定充满自信，落落大方，始终用肯定的语气语调来表达自己的想法，这样的销售人员才能让客户产生强大的安全感，并自然地按照你给出的方案来产生购买行为。

第五，克服恐惧，敢于要求。

无论我们取得的成就有多大，人们可能或多或少都对销售有天然的恐惧，这可能源于人性。但是，销售高手总是能够克服内心的恐惧，敢于在恰当的时机提出成交请求，而不是担心客户反感和不接受而不敢提出成交请求。

"只要你叩门，我就开门"，要相信客户一定会按照我们的建议购买。克服恐惧，敢于要求，才可能让成交率提高到更高的水平！

2. 销售高手没什么了不起，会"说好话"而已

销售高手之所以业绩好，主要是因为他们会"说好话"。所谓"好话"，就是好听的话、好用的话和简单的话。

第一，要成为一个销售高手，得会说"好听"的话。所谓好听的话，就是你的话要让客户听起来舒服。一定要学会认同赞美客户，辅之以亲切和蔼的语气语调和面部表情，让客户感觉如沐春风，让客户对你产生好感和信赖，这样对接下来的成交就会产生事半功倍的效果。

这里的关键是"好听"的话一定要发自内心，否则效果只能适得其反。还有一点很重要，就是注意聆听。某大药房的健康顾问小张其貌不扬，也不太善于打扮，但可贵的是有一张笑脸，见人就打招呼，言语很得体，特别愿意帮助那些来企业里边的爷爷奶奶们解决问题，非常有爱心，时间长了，很多爷爷奶奶就只愿意相信她，一到店里就找她，业绩当然就不是问题了。

第二，会说"好用"的话，这一点非常重要。所谓好用的话，就是一定要从客户的角度来阐述你的治疗方案，将药品能够给客户带来什么好处讲清楚、讲明白，进而打动客户。会说好用的话这项技能很重要，如果只会自说自话，不考虑客户的需求，那么成为销售高手只能是镜中花、水中月，竹篮打水一场空。

医药药师小李是医药专业出身，对组方、药理等很熟悉，平常在公司开会、竞赛中阐述产品及技能都很厉害，但就是业绩不佳。探究原因，主要是他在跟客户沟通的时候不善于洞察客户的需求，只是板着脸就产品

讲产品,有时候客户有点不同意见,他还爱跟客户辩论甚至着急。这样一来,客户对他都敬而远之,业绩不好就一点不奇怪了。

第三,复杂的问题简单化,得会说"简单"的话。

销售高手们都善于把复杂的问题简单化,以收到一招制敌的效果。专业术语、长篇大论,这样只能使客户一头雾水不知所云,因此,你得把复杂的药理、疗效用简练的语言表达出来,有时候甚至要用到比喻等修辞手法,这样效果就更好,比如"您身体现在这种状况就像是水龙头堵住了"等。

管理干部小曾平常寡言少语,看似不太会沟通,但业绩非常好。主要原因是小曾能把话说到点子上,虽然推销时话不多,但他非常善于聆听,能够精准把握客户需求,往往一句话就能打动客户,因此能取得众人钦佩的好业绩就不奇怪了。

如果你目前的业绩不佳,就从和颜悦色地说"好听"的话并且言简意赅地阐述产品(方案)好处开始,这样训练自己,过不了多久,你也会是销售高手了!

3. 学会卖"好处",客户就会源源不断

有的OTC销售平常学习很认真,对产品也比较了解,甚至有些还有多年的学医经历,但在给客户推荐的时候客户就是不肯接受,客户常常一脸反感地转身离开,不仅不能成交,反而会伤客,导致药企业的客流量下降。对于为什么出现这样的结果,销售员自己也百思不得其解。还有另外一类销售,没有太多医学知识的基础,对产品似乎也不是特别精通,但是就是销售业绩好,客户愿意听他的,不仅愿意听他讲药,回头再购买还来

找他。其实，万事都有其规律所在，卖得不好有卖得不好的原因，卖得好自然有卖得好的道理。

那么OTC销售业绩好的道理是什么？

有的OTC销售卖得好，是因为他们在介绍产品和提供解决方案的时候有两点做得很好，一是始终站在客户的利益和角度上阐述；二是他们介绍产品的时候不是就产品介绍产品，而是始终围绕产品能给客户带来什么好处来展开阐述。

我们必须明白，从人性的角度出发，客户不会关心你是谁，也不会关心你的产品是什么，客户关心的是你以及你的产品能够给对方带来什么"好处"。只有把好处提供给客户，你才能获得与客户讲话的资格，才能获得客户的认可进而达成购买，才能源源不断地获得客户。反之，如果不能做到为客户提供好处，在客户看来，销售员就是想方设法地想把产品卖给他，就是在强买强卖，难免反感。

那么，如何简便地掌握"给客户带来好处"的技巧和方法呢？OTC销售员可从以下三方面着手：

一是用好关键句式。如："像您这种情况，主要是由于……导致的……因此，您要改善这种现状，必须……才能从根本上取得效果。我们这个产品给您带来的好处是：①……②……③……您觉得怎么样？您在服用……的同时，一定要注意……"

上述关键句式始终是从客户利益的角度阐述，但是也一定要用肯定的句式，如："必须从如下几个方面……才能从根本上……"切忌不自信，含含糊糊，例如："您可能是……差不多……您可能需要……"

二是注意关键动作。如微笑、彬彬有礼，引路、手势、颔首等动作要做到位。注意聆听,多听少说。

三是习惯养成。养成以客户利益为中心的思考习惯;养成让客户感觉舒服的沟通习惯。

要想成为销售高手,并受到客户的普遍欢迎,从今天开始,一定要摒弃以往就产品讲产品的做法,转而卖产品的"好处"。掌握了这种方法,你就找到了OTC业绩提升的关键密码,你的业绩定会节节攀升,越来越好!

4. 让人怦然心动的产品介绍

怦然心动的产品介绍能够瞬间打动客户从而形成购买。为此,介绍产品时要先讲好处,其次将好处的原理讲清楚(组方、药理),最后将客户评价等证明拿出来,这就形成了一个完整的产品介绍。

除了掌握让人怦然心动的产品介绍方法之外,销售技能的另一个层面是能够准确解答客户对产品的各种疑问,这种方法又叫一问一答。

每家医药企业或药企业都应该有一套成熟的产品介绍和一问一答范本,便于使技能以工具化的方式呈现出来,便于OTC销售员掌握和复制。

5. 牢记两个秘诀,销售业绩翻番

OTC销售人员在日常销售中最困惑的是跟客户沟通了半天,客户似乎也认同他的说法和解决方案,但就是不购买,或者是在听了半天介绍后不好意思的情况下才说:"我先买一盒试试吧!"

影响销售成交问题的症结究竟在哪里?

一个人当下产生OTC购买行为,一定是他觉得你提供的解决方案或联合用药方案能够真正解决他的病症，另外除了你的方案之外，对方找不到更好的、性价比更好的解决方案，所以他当下就买了，并且会按照你的建议来购买，这样的成交可以说是大单，同时对方还会对你说"谢谢"。

因此，要让OTC客户不再抗拒，欣然接受你的方案，完全按照你的建议产生购买行为，一定要掌握两个法则：其一，让你的解决方案具备必须性；其二，让你的解决方案具备唯一性。当然，这并不容易做到，但只要我们建立起这个信念，并往这个方向去努力，反复锤炼，就一定会见效果。在这个过程当中，我们也能掌握一定的方法和技巧，取得事半功倍的效果。

首先，打造"必须性"的要点。

（1）通过发问技巧找"伤口"。一个销售人员必须具备通过发问明确客户的显性及隐形需求的能力。只有知道了客户真正的需求，才能给出真正能够满足客户需求的解决方案，解决方案才会产生必须性。因此，掌握通过问问题来探询客户需求的能力是一个优秀销售人员基本功，也是"菜鸟"和销售高手的分水岭。

（2）学会聆听和认同，掌握"先跟后带"的原则。在客户陈述的时候，眼睛应注视客户，认真聆听，并不断表示认同，在客户陈述病因和治疗方案的时候掌握"先跟后带法"，如表示认同的话语："是的、我理解、我认同、我知道了！"这样容易让客户感受到你对他的尊重，接下来就更容易接受你的方案，你的方案自然具备了"必须性"。

（3）不要急于推药，而是着重于对病因及危害的陈述，"撕伤口"要撕到位。掌握客户的需求后，要告诉客户病因和不及时治疗的危害，让客户产生紧迫感和马上想得到解决方案的冲动。病因及危害陈述在销售过程当中作用非常关键，有很多销售人员随便问几句话便马上开始推药，一旦急于推药，客户马上就会感觉到你急于成交、急于让他购买，那客户就会产生抗拒而导致成交失败。而恰当的病因及危害陈述会让客户感觉到你的专业性和你是站到他的角度上来给出解决方案的，那客户就会更愿意接受我们的建议和方案，在客户购买的当下，我们的解决方案就产生了必须性。

其次，打造"唯一性"的要点。

（1）肯定、自信地表达。销售人员在销售过程中肯定自信地表达会为唯一性的打造奠定非常好的基础，比如："像您这种情况，一定要按照……的方法，才能缓解您的症状。"

（2）治疗效果也就是"好处"要描述到位。销售人员一定要明白：客户关心的不是你，也不是产品本身，客户关心的是你能够给他带来什么好处，也就是你的解决（联合用药）方案能不能从根本上解决他的问题。OTC销售人员对治疗效果的描述一定要形象和具体，让客户怦然心动，产生除此之外找不到更好的解决方法的感觉，从而让客户在当下就产生购买行为，并且完全按照你的建议和方案来购买OTC药品！

总之，掌握在跟客户沟通时提供"必须性"和"唯一性"的解决方案的两个法则，将让你从此大单多多。

示例一： 维生素D"好处"陈述

维生素D的关键话术有：补D比补钙更重要，钙加D是黄金搭档，补钙先补D，补钙必补D；补钙的同时加上D，吸收率会提高90%……

维生素D的使用有几大主力消费群体，销售人员要有针对性地采取不同话术。

1. 针对婴幼儿和儿童、青少年，其销售话术如下：

如果您的宝宝在补钙的同时加上维生素D效果就更好了。

补钙一定要先补D3，钙加D3是黄金搭档，足量的D3加上钙，比单纯补钙吸收率提高90%。

钙促进骨骼和牙齿发育，锌促进智力发育，维生素D促进脑神经发育，帮助钙锌吸收，增强抵抗力，两者一起服用，能让孩子长好牙，个子高，更聪明，体质好。

您看这个效果这么好，您今天是带一个疗程还是带两个疗程？

2. 针对中老年人，其销售话术如下：

如果您在补钙的同时加上维生素D3，效果就更好了。因为补钙一定要先补D，钙加D是黄金搭档。

这两个产品一起按疗程服用，让您腰不酸，腿不痛，走路更有力，睡得香，精神好！

请问您今天是一起带一个疗程还是两个疗程呢？

3. 针对孕妇，销售话术如下：

钙可以增加骨密度，防止骨质疏松，不过，补钙一定要先补D，钙加D是黄金搭档。

两者一起服用让您腰不酸，腿不痛，也不抽筋，走路更轻松。

维生素D是胎儿早期营养，增强胎儿免疫力，防止早产、低体重；维生素D可以降低剖腹产的几率，VD缺乏会导致分娩时子宫收缩无力。

您今天带两个疗程回去服用，对胎儿的生长发育和智力发育是非常好的。

4. 针对白领女性，其销售话术如下：

您在补钙的同时加上维生素D效果就更好了。因为钙加D3是黄金搭档。

两者一起服用让您腰不酸，睡眠好，精神好，工作效率更高。

维生素D还可以增强自身免疫力，减少皮肤过敏，提升生活品质。

维生素D跟钙一起按疗程服用，效果更好，建议您带两个回去调理一下，身体健康是最重要的，您觉得呢？

另外，维生素D针对其他典型病症也有不同的"好处"，OTC销售中可以运用与相关病症相对应的关键话术。如表1所示。

表1 病症及其相对应的维生素D关键话术

病症	关键话术
感冒	通过增加抗感染能力，清除体内病原体，增强人体免疫力；防止扁桃腺发炎，让感冒好得快
咳嗽	通过增加抗感染能力，抗炎消炎；抑制气道过敏反应，润滑气管，有益肺功能，让咳嗽好得快
皮肤病	通过增加抗感染，抗炎消炎；清除皮肤炎症，促进皮肤的分化，增强皮肤的抵抗力，让皮肤病好得更快
糖尿病	降糖药都是激素药，激素药造成钙流失导致骨质疏松，须服用降糖药的同时一定要钙加D；维生素D减少胰岛素的抵抗，调节胰岛素分泌；维生素D还可以增加骨骼肌肉对胰岛细胞的敏感性，防止骨质疏松及降低药物副作用，减少并发症；维生素D促进视网膜细胞新陈代谢，防止视网膜黄斑性病变，预防白内障
心脑血管疾病	软化血管，增强心脏功能；扩张血管，降低心脑血管疾病的风险和辅助治疗心脑血管疾病；防止骨质疏松；增强人体免疫力
风湿关节炎	维生素D是抗风湿因子，清除风湿因子，抑制炎症因子；能消炎，消除关节肿胀，促进新骨的再生
癌症	抑制癌基因表达，减少细胞癌变的几率，抑制癌细胞生长

示例二：舍他康唑产品介绍及一问一答

舍他康唑的全称是"硝酸舍他康唑乳膏"（立灵奇），它是人工合成的咪唑类广谱抗真菌药，对皮肤真菌、酵母菌、念珠菌、曲霉菌有抑制或者杀灭作用，对革兰氏阳性菌有较强抗菌作用。治疗由真菌感染所引起手癣、足癣（脚气）、体癣、股癣、头癣及甲癣（灰指甲），还可以治疗由念珠菌引起的外阴阴道炎和包皮龟头炎，对经典抗真菌药物疗效不敏感的也有疗效。其经典介绍话术如下：

舍他康唑能够给您解除病痛，给您带来如下几个方面的好处：

一是治愈不反复。舍他康唑是一种新型的咪唑类抗真菌药物，它能直接破坏细胞壁，而不是通过抑制酶之类达到抗菌作用，因此耐药菌株不易出现。国外尚未发现对本品的抗菌活性有种或属耐药性。在国内，本产品2003年才由海神生产上市，临床使用时间还比较短，国内也还没有耐药菌株，不存在复发的源头。而咪康唑先后被发现有近平滑念珠菌、热带念珠菌、白色念珠菌等多种耐药菌出现。国内多家医院如北京协和医院、空军总院皮肤科使用立灵奇后均证实临床治愈浅部真菌感染后，复发病例极少，复发率非常低。临床二期的试验证实咪康唑复发率11.9%，而舍他康唑仅有4.4%。因此，舍他康唑可以彻底治疗您的疾病，解除您的痛苦。

二是止痒迅速。产品渗透力强，能直达被感染皮肤深部，止痒非常迅速。擦在皮肤上，皮层吸收性好，皮层的浓度高。用药后，立灵奇能在感染皮肤迅速起效，且局部糜烂面药物浓度高，可渗透皮肤直达真皮层，达到抑菌甚至杀菌的效果，能使皮肤瘙痒的困扰迅速得到解除。大量的临床使用证实，立灵奇起效非常快，使用1天至2天后能迅速止痒。使您瘙痒糜烂的皮肤保持清爽干净,"止痒,从心开始"。

三是安全性高。人体皮肤局部给药后全身系统吸收很少,血、尿中无法测出含量,几乎不经肝肾的代谢,对肝肾影响很小,通过胎盘的也非常少,对骨骼基本也没有什么影响。因此,孕妇、儿童也适用,安全性极高,硝酸舍他康唑乳膏已被收录进美、英、日欧洲等国药典内,对舍他康唑您可以放心使用,没有后顾之忧。

四是彻底杀菌疗效好。抗真菌活性非常强,局部给药后皮层浓度高,给药2小时达给药量的50%,给药24小时达给药量的71%。足够的药物皮层浓度使皮肤糜烂处的真菌得以杀灭。临床二期的试验证实舍他康唑治疗浅部真菌感染有效率高达96%,镜检真菌清除率达98.6%。北京协和医院、北京大学第一医院、解放军空军总医院临床二期的试验证实立灵奇治疗体股癣和足癣有效率和真菌清除率均达92%以上;福建省泉州医院皮肤防治院治疗糠秕孢子菌感染有效率达93.8%;西安交通大学第二医院皮肤科治疗各种浅部真菌感染有效率达85.5%;新疆阿勒泰地区人民医院皮肤科治疗各类浅部真菌感染有效率达92%。通过长期在临床的使用均显示立灵奇治疗浅部真菌感染是非常有效并安全的。

现实中,来药店买药的顾客都希望销售人员对药品能够做出专业的解释,这是普遍存在的现象。在销售舍他康唑(立灵奇)的过程中,销售员也常常会遇到顾客对药品本身和个人症状的许多疑问。如何消除顾客的这些疑问,并对此做出专业的解答呢?为了帮助销售人员解决销售过程中的实际问题,在这里,我们总结归纳出较有针对性和典型性的31个问题,并采用一问一答的形式展示给大家。

1. 您知道皮肤浅部真菌感染发病有多少吗?

约有15%至30%的人群患有浅部真菌感染。与其他抗真菌药物治疗不同,立灵奇可为皮肤真菌感染患者提供一个长期、连续的治疗过程。

2. 浅部真菌感染能彻底治愈吗?

立灵奇能够帮助您彻底告别浅部真菌感染的困扰。全世界范围内约有15%至30%的人患有足部的真菌感染,游泳池、桑那浴和体育健身中心为这些感染的传播提供了理想的环境。同时,若想根治这些感染是非常困难的。而立灵奇是一个可以选择性杀真菌的药物,它能够有效解决这个难题。

3. 立灵奇是新药吗?

立灵奇是一个化学成分上的新突破。舍他康唑是一种新型的咪唑类抗真菌药物,是20世纪90年代上市的七个新合成的抗真菌药物之一,已被收录进美国、日本、英国药典内。硝酸舍他康唑是7氯-3〔1-(2,4-二氨苯基)-2-(1氢-咪唑-1-基)乙氧甲基〕苯并噻吩的硝酸盐,是一种新型广谱、高效的外用唑类抗真菌药。

4. 立灵奇可用于哪些人?

立灵奇适用于由皮真菌、酵母菌、念珠菌、曲霉菌引起的皮肤感染人群,如患体股癣、足癣的患者。

5. 为什么这类人群需要使用立灵奇治疗?

真菌感染很容易蔓延,同时又给患者带来疼痛和不适。如果得不到治疗,很可能转为慢性感染并传播到身体的其他部位。目前的治疗方法包括:通过口服片剂的系统抗真菌治疗,药物的活性化合物通过血液到达感染部位及外用剂型,这种治疗方法可使药物直接作用于皮肤感染部位。

6. 立灵奇的作用机制是什么？

立灵奇作用机制之一是抑制麦角醇的合成。麦角醇是最重要的甾醇，甾醇是真菌细胞的重要成分，它存在于细胞壁中。立灵奇对真菌细胞作用初期的变化发生在细胞质膜及细胞壁上，使其失去氨基酸及蛋白质，导致细胞壁渗透作用发生明显改变。抑制麦角醇的合成，影响细胞膜结构与细胞功能。最终抑制新的细胞膜产生。

立灵奇的另一作用机制是直接损伤细胞膜，在直接作用10分钟后，白色念珠菌的细胞内三磷酸腺苷（ATP）明显减少，培养基中ATP浓度明显增加，细胞内外ATP浓度的变化是细胞膜渗透性、完整性与活力的重要参数。细胞内外ATP浓度的变化，可减低细胞活力，使白色念珠菌活性细胞数减少90%，活性细胞的减少与药物浓度呈线性关系。

7. 立灵奇的活性化合物是什么？

立灵奇的活性化合物是硝酸舍他康唑，这是一种新型的咪唑类广谱抗真菌制剂。

8. 立灵奇的活性化合物是如何生成的？

硝酸舍他康唑是人工合成的。

9. 硝酸舍他康唑存在几种剂型？

硝酸舍他康唑可以制成不同的剂型，包括立灵奇软膏剂和立灵奇栓剂两种剂型。

10. 立灵奇何时开始上市？

立灵奇1992年首先在西班牙上市，2003年在国内上市。

11. 立灵奇的竞争产品有什么？

目前有各种全身和局部的抗真菌治疗药物，包括：强生公司（斯皮仁诺；里素劳；派瑞松；达克宁）、辉瑞公司（大扶康）、施贵宝公司（BFungizone及拜耳公司）。

12．立灵奇的产品特性是什么？

立灵奇是一个亲脂亲角质性化合物，因此它容易扩散至皮肤。服药后在很短时间内即可达到有效的治疗浓度。这些特性是与使用立灵奇短期治疗即达到一个很好的疗效及具有良好的安全性密不可分的。

13．立灵奇的治愈率有多少？

立灵奇抗真菌活性强，局部外用后皮层浓度高，治愈率在80%以上，最高可达96%。

14．立灵奇的安全性怎么样？

局部外用立灵奇后，全身吸收很少，对肝肾影响很小，安全性高。

15．癣容易复发，使用立灵奇后会怎么样？

立灵奇是目前同类抗真菌的皮肤外用药中复发率最低的，只有4.4%。达克宁的复发率有11.9%。

16．我以前使用某个牌子挺有效的，可现在效果都不好了，立灵奇会不会也这样？

不会。立灵奇在国内是2003年上市的，在使用过程中未发现耐药性。

17．儿童可以使用立灵奇吗？

可以。立灵奇对儿童也非常安全。

18．孕妇可以使用立灵奇吗？

立灵奇动物实验是没有致畸现象，但孕妇使用时出于谨慎的原则，最好事先咨询专业医生。

19．对胎儿会不会有影响？

立灵奇是外用药，药物主要残留在皮层，很少能进入血中，也不容易通过胎盘，基本上不会有什么影响。

20．哺乳的妇女患上了湿疹能用立灵奇吗？

立灵奇是不治疗湿疹的，湿疹一般使用含激素的外用药治疗。

21．立灵奇的疗程是多长？

疗程4周。

22．立灵奇使用后擦药部位皮肤干得快吗？

立灵奇是乳膏剂，是水包油型的，擦在皮肤上面没有油腻感。

23．立灵奇是杀菌剂还是抑菌剂？

是杀菌的。

24．立灵奇是激素类药物还是非激素类药物？

是非激素类。

25．立灵奇对哪一部位的真菌比较敏感？

对各类癣菌感染都较感染，尤其是体股癣。

26．立灵奇怎么使用，使用是否方便？

直接擦患病部位就行，使用很方便。

27．立灵奇治疗真菌是否复发？

不会，复发率极低。

28．立灵奇是否要与其他的药品配合一起使用？

一般真菌感染不需要，甲癣治疗需要联合其他药物治疗。

29．立灵奇的价格是多少？

10克一支的售价是29元。

30. 敏感部位是否可以使用？

可以，立灵奇对念珠菌性外阴阴道炎和包皮龟头炎的治疗都非常有效。

31. 立灵奇有没有耐药性？

没有。

第三节　联合用药促大单

1. 教你一招，客单价立刻暴涨

在OTC用药销售中，客单价的高低是高手与"菜鸟"的分水岭。"菜鸟"只能被动地卖，看见高手大额的客单价只有喊"哇"和羡慕嫉妒恨的份儿，羡慕嫉妒之余又百思不得其解，他们疑惑的是：为什么自己只能卖这么点，而人家却能卖那么多？自己好像也找到客户的需求了，为什么客户就是不按照我说的方案买呢？我给的方案客户也认同，为什么客户只买一盒并说试试再说呢？其中最后一个疑问很常见，就是客户需求找到了，客户也认同解决方案，但只同意买极少的数量先尝试一下。显而易见，这个问题对客单价的提升是巨大的障碍！

客户之所以不按照我们的方案来购买，无外乎是他没有感受到紧迫性，在你的药品上他没有找到不可替代性。因此，如果你能让客户感受到迫不及待并且除了你推荐的药品之外没有比它更好、性价比更高的方案,那他就一定会听你的。也就是说,客单价的高与低存在一个关键操作点,就是你在建立信任、找到客户需求之后,一定要基于客户现实的病症,通过对人性的洞察,用有力量的语言"撕伤口"。可以说,"伤口"撕得越充分,客单价就越高!

如何用有力量的语言撕"伤口"?这就需要销售人员针对客户的不同来运用不同的语言。

对女士可以这样说:"美女,您五官精致,但是由于您长期熬夜且睡眠不好,导致您气血亏虚造成您面色萎黄,如果不加以注意,以后会长斑(一撕伤口);另外,长期睡眠不好的话会造成您精神萎靡不振,会让您心情抑郁(二撕伤口);这样会影响到您的家庭幸福质量和工作效率(三撕伤口,暗示不加以治疗可能造成的后果)……因此,像您这种情况一定要从滋阴、益精血入手调理才可以从根本上解决,因为我们女人要靠气血来养……冰冻三尺非一日之寒,您要按照我的方案按照疗程服用才能够彻底治疗您的病症……"

对男士可以这样说:"先生,血脂高是因为肝肾精血亏虚,心血脉失养,行血无力,致使血液里垃圾滋生,如果您不及时治疗有可能会有并发症,如血栓、血管硬化破裂等,严重时会危及生命(撕伤口句句属实,句句有力量),您一定要引起重视,加以正确的治疗,像您这样的年龄,正是事业发展壮大的时候,可不能因为您的病症影响到您的家庭幸福和工作质量(继续撕伤口,强大的心理暗示)。建议您这种情况在用阿司匹林和降脂药的同时,加上滋补肝肾、益精血的药品,二者联合使用可以达到事半功倍的效果,可大大减少并发症的发生……"

值得注意的是，撕伤口不能漫无边际地撕，那样只会招致客户反感或给自己带来麻烦。撕伤口要注意如下几个方面：其一，撕伤口时使用的语言一定是如果不加治疗会客观存在的有可能的后果；其二，撕伤口遵循"三撕"法则，即最多三句话，撕三次，撕一次不够，但撕得太多可能又会适得其反；其三，撕伤口之后适当沉默观察客户的反应，不要着急说解决方案，更不要马上说药物名称！

在实践中我们发现，所谓的销售高手只是找到了方法并在实战当中加以运用而已，客单价的提高绝不仅仅是你找到了需求并给出了解决方案，如果你不能让客户"痛"并马上做决定，提高客单价还是存在障碍。因此，在找到客户需求之后最重要的动作就是"撕伤口"（找需求），这个动作做好了，客单价将不再是问题！

2. 联合用药成功的关键法则

成功的联合用药必须遵循以下三大关键法则：

关键法则之一：药用机理要清楚。联合用药要想成功，首先必须得在药理上面下功夫，对药物彼此间相互作用的机理要心知肚明。这是硬功夫，每一个OTC销售人员都必须过关。

关键法则之二：要明白用户"痛点"。要知道客户真正的"痛点"，才能够有的放矢。

关键法则之三：阐述好处促购买。

遵循上述三大关键法则，OTC销售人员就能够站到用户的角度上阐述利益及好处，让客户怦然心动，促成购买。

示例一：外阴炎或带下病联合用药

外阴炎或带下病联合用药需要明确病症、原因、联合用药、用法和用量、用药周期、患者注意事项几项内容，如表2所示。

表2 外阴炎症或带下病联合用药

病 症	原 因	联合用药	用法、用量	用药周期	患者注意事项
细菌性阴道炎	性生活不洁，经期、产后、流产、安环后护理不当，导致细菌感染	保妇康凝胶+清热止痒洗剂+甲硝唑片剂	洗剂早晚坐盆清洗，早晨上甲硝唑一片，晚上睡觉前上保妇康凝胶一只	7至15天，月经前后两天不用药	上药必须放到阴道穹窿部，上药后卧床10～15分钟，上药期间不同房，垫无菌、干爽护垫并及时更换
霉菌性阴道炎	性生活不洁，乱用抗生素导致菌群失调，喜吃糖，糖尿病、激素水平紊乱，内裤与袜子同洗，机体抵抗力下降，用不洁卫生巾等导致念珠菌活跃致病	保妇康凝胶+清热止痒洗剂+小苏打口服妇炎康复胶囊+黄芪颗粒或（脾气虚弱者）归脾丸	小苏打和清热止痒洗剂交替坐盆清洗后，上保妇康凝胶一只	连续上药三个月，月经前后两天不用药	不用抗生素，上药必须放到阴道穹窿部，上药后卧床10～15分钟，上药期间不同房，垫无菌、干爽护垫，并及时更换，内裤要暴晒或开水煮沸15分钟，性伴侣需同时用药治疗

续表

病 症	原 因	联合用药	用法、用量	用药周期	患者注意事项
滴虫性阴道炎	性生活不洁，卫浴不洁，导致感染阴道毛虫	口服甲硝唑或替硝唑+上保妇康凝胶+清热止痒洗剂坐盆	顿服甲硝唑2g+B6（止吐），或顿服替硝唑2g；上药前先用洗剂坐盆，上保妇康凝胶一只	连续用药七天，口服一日三次	药必须放到阴道穿窿部，上药后卧床10～15分钟，上药期间不同房，垫无菌、干爽护垫并及时更换，性伴侣需同时用药治疗
老年性阴道炎	绝经后，雌激素水平下降，阴道失去营养	上保妇康凝胶+清热止痒洗剂+吃桑椹膏和VE	上药前先用洗剂坐盆，桑椹膏一日2次，VE一日一次，保妇康凝胶一日一次	连用两周，预防期每月用7～10天的药	药必须放到阴道穿窿部，上药后卧床10～15分钟，上药期间不同房，垫无菌、干爽护垫，并及时更换；同房时可以在外阴涂抹半支起润滑剂的作用
宫颈糜烂治疗不及时转化为宫颈癌	性生活过度，术后撕裂，外阴感染疾病未及时治疗等导致宫颈外膜受损引起的炎症、出血、白带异臭	上保妇康凝胶+消糜栓+清热止痒洗剂坐盆+桑椹膏+止痛化癥片或妇炎康复胶囊	上药前先用洗剂坐盆，保妇康凝胶晚用和消糜栓早用，口服一天3次，饭后40分钟吃	治疗期3～4个月，口服药半月	药必须放到阴道穿窿部，上药后卧床10～15分钟，上药期间不同房，垫无菌、干爽护垫并及时更换，不提重物，忌生冷

示例二：其他妇科疾病联合用药

　　其他妇科疾病联合用药需要明确症状、病因、联合用药、用药周期、患者注意事项等几项内容如表3所示。

表3　其他妇科疾病联合用药

症　状	病　因	联合用药	用药周期	患者注意事项
痛经	气滞血瘀	止痛化癥片+裸花紫株+逍遥丸，经后服用一周八珍颗粒	连续服用3～6个月	经期不吃生冷，不吃偏寒性食物
经少，闭经	气虚不足，肝肾亏虚，贫血，安环，脾虚，久病，情绪低落抑郁，宫颈口粘连	止痛化癥片+桑椹膏+逍遥丸+肝精补血素口服液，一天一粒维生素E，经后服用一周八珍颗粒	连续服用6～12个月	经期不吃生冷，不吃偏寒性食物，情绪乐观
月经不调	气滞血瘀，脾胃虚弱，脾不统血	月经前一周：止痛化癥片+桑椹膏+逍遥丸 月经第五天服用一周：保和丸+八珍颗粒+独一味分散片+裸花紫珠胶囊	第一个月就有效，以后每月按此方法服用，连续服用3～5个月，可以根治	经期不吃生冷，平时少吃偏寒性食物，情绪乐观

续表

症 状	病 因	联合用药	用药周期	患者注意事项
急性盆腔炎	术后，经期或产后调理不当，性生活不洁，卫浴不洁等导致的细菌及病毒的上行感染	止痛化徵片+妇炎康复胶囊+半月抗生素+甲硝唑片（7天）+B6（7天）	症状消除后再追加半月止痛化徵片+妇炎康复胶囊	注意个人卫生，经期用安全护垫，更换及时，术后注意休息，营养合理，绝不能碰生冷，注意保暖，不做重体力活
慢性盆腔炎（包块，积液，炎性囊肿）	急性炎症治疗不及时，气血亏损，气滞血瘀，久病，情绪低落抑郁	止痛化徵片+妇炎康复胶囊+桑椹膏+甲硝唑片（7天）+B6（7天）+黄芪颗粒+清热止痒洗剂	三个月、半年、一年，直至症状消除	经期不吃生冷，不吃偏寒性食物，情绪乐观，治疗态度积极，定期B超监控
子宫内膜异位症	气血亏损，气滞血瘀，雌激素水平紊乱、细菌及病毒感染控制不及时，用药不规范导致的组织结构改变	止痛化徵片+妇炎康复胶囊+桑椹膏+黄芪颗粒（如伴有脸色苍白者加肝精补血素口服液或人参归脾丸，长期服用当归加蜂蜜泡水）	如无大出血症状或肌瘤不受控制的现象，服药直至绝经	经期不吃生冷，不吃偏寒性食物，情绪乐观，治疗态度积极，不吃雌孕激素，定期B超监控

本章要点回顾

●医药企业必须根据企业定位、产品卖点、目标群体、消费潜力、价格体系等综合分析，梳理出自己需要着力打造的黄金单品。

●产品战略是药企的核心战略，打造黄金单品是企业的战略行为。

●黄金单品的选择有四个关键要素：卖点显性化、利润空间大、消费群体广、疗效确切。

●销售黄金单品必须进行专业化的训练和体系化的推广，对销售人员设置相应的考核和激励手段才能大获全胜。

●销售人员不要为卖产品而生，一定要做客户（客户）的健康顾问。

●卖产品就是卖好处！

●如果将产品卖出唯一性和必须性，不仅会销量暴涨，还可以卖高价！

OTC

第二章

赢得信赖，与客户交朋友

　　捕获客户的心、赢得客户的信赖是一名销售人员的基础能力，获得客户的信任，接下来的销售才会产生事半功倍的效果。获得客户信任后往往能准确把握客户的需求（即找"伤口"），针对客户的需求展开销售攻势。

第一节　亲和力与信赖感

1. 客户不相信你，就等于什么都没有

销售人员在日常的销售当中，亲和力和信赖感的打造是第一位的，如果客户不相信你，客户当下就会产生抗拒而导致成交失败。我们经常看到这种情况：销售人员做了很多努力，工作也很认真，但就是解决不了客户信赖的问题，因此成交量很低；反之，有些销售人员似乎不是那么努力，但是他很有亲和力，让客户如沐春风，这样客户就很容易接受这样销售人员提出的方案，就更容易成交。

不建立起亲和力和信赖感，客户就不相信你，没有客户信任等于什么都没有！那么，建立亲和力和信赖感的关键途径有哪些呢？

第一，环境产生信赖感。

环境形象有助于客户产生信赖感。产品陈列和广宣布置及干净的环境包括灯光等的运用，都会让客户产生信赖感并感受到亲切，这种感觉会让客户认为你是专业的，从而更容易产生购买行为。

第二，专业的个人形象产生信赖感。

得体的发型、淡妆及专业的着装，得体的肢体语言和手势、沟通时候的语气语调及情绪的运用无一不在告诉客户：我是专业的，我可以给您提供最好的服务！

事实上，注意语气语调和肢体语言的训练，你的亲和力会让客户如沐春风，会不由自主地产生信赖感。我在调研时候，曾经发现有些厂家的销售人员在做活动的时候穿着随便，销售甚至浓妆艳抹，活动的效果可想而知。相比较旁边专业形象的促销活动团队而言真是高下立见，专业的形象是打造客户信赖的绝对不可忽视的要素。

第三，保持微笑，无论客户开心还是抱怨，始终微笑！

每个销售人员都知道微笑的作用以及要保持微笑，但是在客户有情绪的时候、客户听不明白想多了解的时候、客户有抱怨有情绪的时候，能否始终保持由内向外的微笑显得至为关键。

大多数人都能在轻松自如的情况下保持微笑，但客户一旦有情绪上的变化，很多人就会转到另一种情绪中去，这样的销售人员是不专业的。

每位销售人员都要记住：无论客户怎么样，我们要始终保持微笑！

第四，专业展示产生信赖。

能够根据客户的需求给出专业的解决方案，是一个销售人员须反复锤炼的基本功，专业的客户解决方案能够让客户发自内心地欣然接受你的方案。因为，只有专业的展示，才可以产生根本的信赖！

第五，"此处无声胜有声"——让客户多说！

很多销售人员的失败就失败在打断客户的话，不认真发问和仔细聆听客户的声音，自己以为自己很了解客户而在那里喋喋不休，这样的销售习惯必须改变，否则始终没有大的进步，成交量也不会很高。因为，你喋喋不休说的话可能并不是客户所需要的，那样只会招致客户的反感，即使你说得有一定的道理，客户也对自以为是的销售人员没有太大的兴趣。只有认真聆听，让客户多说，在客户深刻洞察的基础上再出手，才可能起到一招命中的效果！

一定要知道：你如果自顾自喋喋不休，那你从根本上就输了，要想赢得客户，必须让客户多说。一个训练有素的销售人员一定是既不自卑、唯唯诺诺，也不妄自尊大、唯我独尊，而是以平和的心态始终站到客户利益上跟客户沟通，这样的销售人员是成熟的，也是值得信赖的。

总之，销售人员一定要明白"卖产品就是卖信任"的道理，在亲和力和信赖感上多下功夫，这样才能向销售高手迈向扎扎实实的一步，也会不断体会到高质量成交的成就感！

2. 瞬间获得客户信赖的九大法则

同样是接待客户，"菜鸟销售"与销售高手在客单价水平和成交率上面差异巨大，"菜鸟"看着高手的表现，往往只有羡慕的份，有时还有些许忿忿不平："这小子好像也没啥本事啊，形象不如我，论能言善辩看起来也不如我，怎么业绩就比我强这么多呢！"

销售领域有一句流行话说得好："这是一个两分钟的世界，一分钟让客户认识你，一分钟让客户喜欢你！"销售高手最基础也最重要的能力往往不是能力有多高，销售技巧有多么好，但是他们的举手投足之间显示出了良好的素养，在跟客户沟通的时候，他们能够在瞬间获得客户的信赖，博得客户喜欢，为接下来的成交扫平了障碍。换句话讲，如果你的举手投足使客户不信任甚至讨厌的话，再想成交无异于难于上青天！

博得客户欢心、瞬间抓住客户的心并不难，做好以下九个方面就可以：

一是站姿。保持端正的站姿，手势的幅度不要过大，引路、指引、告别等手势要做到位。坐定后不要晃腿，不要左摇右晃。优雅的站姿和手势会体现你良好的素养，会让客户瞬间产生信赖，放松戒备。

二是眼神。跟客户沟通的时候要和客户有眼神的交流，眼神要诚恳、亲切、自然、自信，注意眼神不要游离，不要低头或跟客户沟通的时候一直看别的地方。"眼睛是心灵的窗户"，亲切自然的眼神能让客户有安全感并且感受到温暖。

三是微笑。"你的微笑价值百万"，一定要锤炼自己的微笑，看到客户的时候让客户如沐春风。很难想象一个板着脸的销售能出好的业绩，无论在何种情况下，见到客户时请露出你发自内心的微笑！

四是询问。不要急于推销产品，要发问，通过问题问出客户的需求、困难和喜怒哀乐，这样才好对症下药，进而拿出真正能帮助客户解决问题的方案。人最容易犯的错误是自以为是，销售人员最容易犯的错误就是不问问题直接推药，这样的销售行为一定要立刻改正，一定要锻炼自己的问话水平，业绩才可能取得突破。

五是聆听。一定要注意聆听，你让客户说得越多，客户就越喜欢你，不要抢客户的话，不要自己喋喋不休地说。上帝给了我们一个嘴巴和两只耳朵，就是让我们多听少说。

六是赞美。发现客户客观存在的优点并给予恰如其分的赞美是获取客户芳心的最重要手段，一个优秀的销售人员一定是不吝赞美客户的，不过也不要为了成交过分地赞美或赞美客户本不存在的优点，那样可能效果适得其反。赞美心是优秀销售的必备特质。

七是认同。不要反驳客户的意见，对客户说的话要表示认同，点头的同时说"我理解，我认同，我明白了，你说得真好！"不要说"你错了，你不对，但是……"站到客户角度去理解客户，永远不要自以为是，永远不要以激烈的方式批评、指责你的客户。

八是沉默。我们说出解决方案之后须观察客户的反应，适度保持沉默，不要急于说话，因为客户正在思考，他很有可能会全盘接受你的方案！如果这个时候急于成交可能会导致功亏一篑。"沉默是金"、"让子弹飞一会儿"的方法很多人都听过，但却不知道这当中蕴含的智慧。一个优秀的销售员应当知道什么时候该说话，什么时候该闭嘴。

九是谦逊。很多销售失败在自己不经意的不屑一顾和傲慢，谦逊是美德，尤其是面对客户的时候，你的谦逊会为你加分，会让客户心生好感。要知道：你没什么了不起，只有保持一颗仁慈、谦逊的心为客户服务，才能真正获得客户，取得认同，进而达成销售。

其实，销售没有想象的那么难，从自己的基础素养做起——做到上述九点，你一定会有意想不到的收获。从现在开始，在接待客户的时候，保持端正的站姿，面带微笑，注意跟客户眼神的交流，通过询问发现客户的痛苦，同时善于聆听和认同，保持谦逊仁慈的心态，你就具备了一个卓越销售的基本素质！

下面附上日本秋山木工集团的工作要求，作为销售人员的借鉴：

1. 进入作业场所前，必须先学会打招呼；

2. 进入作业场所前，必须先学会联络、报告、协商；

3. 进入作业场所前，必须先是一个开朗的人；

4. 进入作业场所前，必须成为不会让周围的人变焦躁的人；

5. 进入作业场所前，必须要能够正确听懂别人说的话；

6. 进入作业场所前，必须先是和蔼可亲、好相处的人；

7. 进入作业场所前，必须成为有责任心的人；

8. 进入作业场所前，必须成为能够好好回应的人；

9. 进入作业场所前，必须成为能为他人着想的人；

10. 进入作业场所前，必须成为"爱管闲事"的人；

11. 进入作业场所前，必须成为执着的人；

12. 进入作业场所前，必须成为有时间观念的人；

13. 进入作业场所前，必须成为随时准备好工具的人；

14. 进入作业场所前，必须成为很会打扫整理的人；

15. 进入作业场所前，必须成为明白自身立场的人；

16. 进入作业场所前，必须成为能够积极思考的人；

17. 进入作业场所前，必须成为懂得感恩的人；

18. 进入作业场所前，必须成为注重仪容的人；

19. 进入作业场所前，必须成为乐于助人的人；

20. 进入作业场所前，必须成为能够熟练使用工具的人；

21. 进入作业场所前，必须成为能够做好自我介绍的人；

22. 进入作业场所前，必须成为能够拥有"自豪"的人；

23. 进入作业场所前，必须成为能够好好发表意见的人；

24. 进入作业场所前，必须成为勤写书信的人；

25. 进入作业场所前，必须成为乐意打扫厕所的人；

26. 进入作业场所前，必须成为善于打电话的人；

27. 进入作业场所前，必须成为吃饭速度快的人；

28. 进入作业场所前，必须成为花钱谨慎的人；

29. 进入作业场所前，必须成为"会打算盘"的人；

30. 进入作业场所前，必须成为能够撰写简要工作报告的人。

上述这些规则不单是为了培养优质匠人，更是培养一个人的品行。这些法则极具通用性，在销售人员身上也是完全行得通的。

3. 你要微笑，我就听你的！

见到客户要微笑似乎是老生常谈，"你的微笑价值百万"的口号很多人，也都耳熟能详，但是做到恰如其分却不是很容易。我们都清楚与客户初次见面后恰到好处的微笑、良好的生动自然的肢体语言能够快速拉近与客户的距离，从而建立信任，为引导成交奠定良好的基础，但在实际中销售人员的表现来看，做得好的销售人员并不是很多。

一个面带得体微笑的销售更容易达成销售业绩，因此对于销售员的肢体语言的要求和微笑的培养与训练是必不可少的。

在现实中，接待客户不合格的销售员大致有如下五种类型：

一是傻笑假笑型。见到客户笑得很不自然、皮笑肉不笑，还有笑得夸张，给人感觉有点假。这样的销售员虽然也有笑容，但让客户很不舒服。

二是傲慢不屑型。自我感较强，也有比较强烈的自尊心，总能发现别人的缺点，认为自己很了不起，这种销售员会自觉不自觉地表现出有些傲慢，这种类型的销售员不仅不会微笑，他们不经意的眼神、撇嘴更是在每天都在得罪客户。

三是呆若木鸡型。面无表情，客户招呼半天也不主动迎接客户，或者在跟客户沟通的时候反应慢，顾左右而言他。

四是冷漠消极型。对待客户冷漠消极，不爱搭理，甚至客户来了还自顾自刷手机。

五是惊奇诧异型。还有一种奇葩销售，有时客户做出一个表情或者说错一句什么话，立马作一副惊奇诧异状，搞得客户不知所措。

优秀的销售员一定要发自有内心的微笑，态度谦和不傲慢，跟客户有眼神的交流，辅之于自然而然的颔首、鞠躬、手势等，这样的销售才是能达到我们要求的销售。具体来说，微笑有以下要点：

其一，微笑一定要发自内心，恰如其分，让客户如沐春风。不管能否跟客户达成购买行为，一定要发自内心地关爱客户，微笑要真诚，不要大笑假笑，也不要抿着嘴似笑非笑，要露出几颗牙齿，恰如其分的微笑会让客户有如沐春风的感觉。由内向外地真心微笑很重要，我们经常会看到训练有素的一副假笑的面孔，让人生厌。

其二，跟客户有眼神交流。有些销售员习惯很不好，不敢注视客户的眼睛，或者飞快地瞥一眼又注视其他的地方，要么看着地下，这些做法都非常不好，会让客户感觉到你不自信或者不重视客户，一定要在微笑的时候跟客户有眼神的交流，眼睛注视着客户的眉心。其实在你微笑的时候，你的眼睛也在微笑，这样有眼神的沟通才会让他人才更加舒服。

其三，保持端正的站姿，沟通的时候微微颔首。在跟客户沟通的时候不要有抱胸、倚靠等动作，要保持端正的站姿，这样显得更加有气场和专业，你自信的语言也会更加有说服力，在沟通的时候微微颔首，以示对客户的尊重。

其四，辅之于手势等肢体语言。辅助得体的手势会让成交效率更好，但注意手势不要太多，速度要慢一些，不要大幅度地把手摆来摆去，那样会让人感觉不稳重。

销售其实是一门细节的艺术，我们要把销售做好，就一定要学会以小见大，细节制胜。

4. 克服心理障碍，成就骄人业绩

一个成功的销售一定要克服如下五种销售障碍，它们是你成功路上的绊脚石：

第一，嗔怒心理。

有些销售看谁都不顺眼，客户还没有什么异议，自己先表现得不耐烦，甚至表现出嗔怒的心理，这是最要不得的。修炼自己的情绪，让自己平静下来，能否永远和颜悦色是高手与一般销售的又一个分水岭。

第二，畏惧心理。

销售的第一要务就是要克服恐惧，敢于要求，不要怕。让自己胆大起来也是一项长期的修炼。实在不成，大不了从头再来嘛！

第三，自卑心理。

老觉得自己不如人，治这个病的良药就是坚持不懈，有了业绩之后就会有成就感，慢慢就可以克服自卑了。

第四，傲慢心理。

傲慢也是人性的一大弱点，自高自大，看不到别人的优点，这样的人很难有进步。要成长，先要虚心！

第五，贪心不足。

销售过程中还有一种现象就是太贪，恨不得见到一个客户就往死里宰，把客户都吓跑了。要站到客户需求上面提出恰当的成交方案，不可以太贪。

克服愤怒、胆怯、畏惧、自卑、贪心等心理，就要平常做好功课，逐渐调整自己到最佳的心理状态，才可以每天都有上佳表现，成就骄人的业绩。

5. 注意销售细节，避免业绩下滑

销售人员良好的形象会让客户产生信赖，从而便于接下来很好的沟通，为成交打下基础，反之如果一个销售人员不注意细节，可能就会让客户瞬间产生不信任甚至厌恶，那接下来的成交将会变得非常困难。

我们总结了一下，以下细节会让您业绩直接下滑80%，因此一定要注意避免。

第一，发型怪异。

一个合格的销售人员发型是梳起来的，永远不要顶着一个怪异的发型上班，这样会让客户感觉到你很不专业。

第二，着装随意。

不按标准的要求着装，随意着装，随意的打扮会让客户潜意识产生不安全感，认为你不值得信任。

第三，倚靠弯腰。

倚靠墙、抱胸或者弯腰塌背等行为都是平时的习气使然，这些姿势只会产生一个效果：拒绝客户于千里之外，让客户跑得更快。

第四，或傲慢，或自卑。

有些人总是觉得自己了不起，自觉不自觉地表现出傲慢的情绪，这样的情绪只会让客户抗拒；与此相反，一个自卑的、不自信的销售人员同样会让客户不太容易接受，因为你说的话你自己都不相信，又如何使客户相信呢？

第五，眼神游离。

如果你跟客户沟通的时候看着地下，或者跟客户沟通却不敢注视客户的眼睛，不敢跟客户有眼神的交流，沟通的效果肯定好不到哪去。

第六，不爱搭理。

无论在任何情况下，都要对客户的问题及时回应，绝对不可以对客户爱搭不理，实在忙的话也一定要马上回应，让客户稍微等待一下。

第七，情绪化。

一个职业化的销售永远不会把生活中的情绪带到工作当中，工作是工作，生活是生活，你的哀伤、不如意跟客户无关，不要让客户感受到你的愤懑和不满意，更不要有了情绪对客户撒气！一个成功的销售不仅是做对了什么，更重要的是改变了自己的不良习气和坏习惯，因为改掉不良习气和坏习惯带来的是一个人整个面貌的变化，会在潜移默化中让自己成长为一个真正的职业化销售。

对照自检一下，千万不要让自己犯如上几方面的错误。细节决定成败，当然也决定着你的未来！

第二节　客户辨识

1. 学会辨识渠道客户，见一个成交一个

针对不同的客户采取不同的销售攻势，所谓"知己知彼，百战不殆"，要对客户有深刻的洞察，而洞察的核心能力就是客户辨识。

客户辨识的要点就是要了解客户的基本特征和每个个体的关键特点和爱好等，根据不同的客户梳理出合作成功的关键要素，然后再进行洽谈合作，这样成功的比率就会大幅度提高；合作成功以后，也要根据客户的实际情况和市场环境制定出市场成功运作的关键策略和关键要素。如果一个销售人员能够时刻按照这种标准来进行客户辨识并养成习惯，长此以往，他的职业化程度就会很快提高，在销售业绩的增长方面也会有良好的效果。

表4给出了一个渠道客户辨识模型，供销售人员参照。

表4 渠道客户辨识模型

典型客户	特征	合作关键要素	市场成功关键要素
全渠道客户（临床+第三终端+OTC）	1. 渠道全覆盖, 代理品种多 2. 有成熟的业务团队 3. 紫金实力雄厚 4. 配送能力极强 5. 仓储能力极强	1. 关注厂家市场运营模式 2. 关注是否有较大的政策支持 3. 广告宣传能否到位	1. 政策是否能够落实到位 2. 能否有效地跟进和指导 3. 是否有定期不定期的会议研讨和具体方案
临床+第三终端	1. 代理品种多 2. 配送能力、仓储能力强 3. 有成熟的团队和网络 4. 社会关系比较广 5. 对价格比较敏感	1. 关注厂家运营模式和具体政策 2. 后续服务能否跟进	1. 有没有快速启动市场的实施办法 2. 政策支持的力度
OTC渠道客户	1. 资金实力比较雄厚 2. 规避风险的能力比较强	1. 专业的业务团队支持 2. 动销活动的开展	1. 能否协助铺市、辅助维护客户 2. 注重促销拉动的效果
临床客户	1. 有稳定的大客户资源 2. 社会关系非常好、人脉 3. 交际能力强	1. 产品价格不透明 2. 代理的产品在渠道上比较少见	1. 国家政策调整 2. 个人能力 3. 人脉关系

2. 学会客户辨识，来一个成交一个

在日常销售当中，销售人员在接待客户的时候往往不分年龄大小、性别职业，也不懂得察言观色来有针对性地售卖药品，这样往往会丧失很多成交的机会，其实客户来到店内，我们通过观察他的年龄及着装打扮，大体上可以判断对方属于哪个类型及有可能存在的典型病症，再有针对性地

发问成功率就会大幅度提高。不仅成交率高，最重要的一点是：根据对方的病症和核心需求，想卖什么就卖什么，想怎么卖就怎么卖。这就要求销售人员能够辨识各种不同类型的客户。

我们成都的吕吉华经理讲过这样的话："当我见到他，如果我判断他是我们的目标客户，我一定不会让他走掉，一定能成交，并且一定是大单！"这才是销售高手应有的风范！要做到这一点，核心技能就是"客户辨识"。

所谓"客户辨识"，就是我们要了解典型客户的心理和生理特征，以及不同类型客户的典型情况及核心需求是什么，在这个基础上明白针对不同类型客户实现成功销售的关键要素是什么，由此展开销售攻势。

在我们接待的主要的客户类型中，最典型的是老年人（55岁以上），其次是中年妇女（30岁至55岁），第三大类是婴幼儿，第四是青少年，第五是白领、教育工作者、公务员群体；第六是孕妇。学会"客户辨识"，以后就不要不分对象一通乱讲了，一定要对目标客户进行识别，有针对性地接待和引导，做到：只要对方是我们的目标客户，我们一定能"见一个成交一个"！

如果我们每个药店管理干部和OTC销售人员都能够掌握"客户辨识"，都能够"见什么人说什么话"地来引导成交，那我们该多么自豪！下面我们选几个客户类型分别进行阐释：

（1）老年人

老年人需要销售人员格外关照，这不仅是因为老年人是最大、最典型的消费群体，更是因为他们是推广企业文化的必要力量！

随着年龄的增长，老年人只要来到药店，或多或少都有一些疾病并且对疾病有恐惧，期望得到确切的治疗方案。因此，销售人员一定要站在关爱老年人的角度，把药品能够给他带来的好处用简练的语言讲清楚，如果对方不明白，就再讲一遍、再讲两遍！

老年人的典型病症包括：行走不利索、反应迟钝、记忆力下降；男性前列腺增生、肥大；肌肉松弛、脏腑器官下垂，女性膀胱脱垂；三高（高血压、高血脂、高血糖）；骨质疏松、骨质增生、关节变形；代谢减缓、消化不利；头晕、脑胀、耳鸣、视力减退等。

由于对方可能存在以上一种或几种类型的疾病，因此销售人员的发问要有很强的针对性！

人年龄越大越喜欢凑热闹，爱贪小便宜，因此，针对老年人群体的促销活动很重要，有时候活动中给点小恩小惠，老年人就会趋之若鹜，这是人性，这样做针对其他群体可能效果不明显，针对老年人就有效。

老年人生活圈子小，情绪不稳定，怕老、怕生病，总是很孤单，希望被关爱，销售人员要做好的聆听者，对老人给予充分的尊重；服务要有爱心、耐心；真诚陈述产品给对方带来的利益。

请看下面一个68岁老年人购买阿司匹林肠溶片的示例：

销售人员问话："叔，您是买防治血栓形成的药呢还是用来消炎镇痛的药呢？哦，是血脂高啊，您知道血脂高是怎么形成的吗？如何调理您清楚吗？您知道长期服用降脂的西药有什么危害吗？"

销售人员专业技能呈现："血脂高是因为肝肾精血亏虚，心血脉失养，行血无力，致使血液垃圾滋生而导致高血脂，建议您在用阿司匹林和降脂药的同时要加滋补肝肾、益精血的药品，二者联合使用可以达到事半功倍的效果，并可大大减少并发症，如血栓、血管硬化、破裂等。（陈述完毕后观察客户反应，实时拿出要推荐的产品，如桑椹膏和心舒宝）。

客户买单以后主动提出服药期间的注意事项："饭后两小时温开水冲服，阿司匹林尽量晚上用，如有肠道不适，停用阿司匹林，改用行气活血的丹参滴丸、三七（血塞通）、心舒宝等行气活血化瘀软化并修复血管的药，您一定要记住啊叔叔！您一定要加强有氧运动，控制饮食，多以素食和优质的高蛋白（鱼肉）为主；食用油多以不饱和脂肪酸为主，如橄榄油或玉米油。您在任何时候起床时一定要注意'三个半分钟'：睁开眼睛清醒半分钟，穿好衣服在床上坐半分钟，下床时在床沿坐半分钟。"

一定要站到客户利益角度，充满关爱、耐心来介绍和推荐产品，同时交代好注意事项，这样老年人的满意度会大幅度提高，他一定会再来，来了一定还会找你，并且带其他人一起来！

（2）中年妇女

在前来药店的客户中，中年妇女（30～55岁）是一个比较大的群体，她们普遍有什么样的想法？有什么恐惧和担忧？存在哪些典型的病症？我们如何跟对方沟通才能提高成交率？提高成交率的关键成功要素是什么？销售人员对这些都要心知肚明，并能够在日常销售中有针对性地展开销售攻势。

中年妇女的生理及生活特征是：身体机能逐步退化，睡眠质量普遍下降；35岁以后由于雌性激素下降，体态和容貌逐渐衰老；45岁至50岁进入更年期，出现更年期症状（潮热、盗汗、多疑、烦躁、发无名火）；身体透支较多，处于避孕阶段，是妇科疾病高发期，也是最容易血虚和气虚的阶段；家庭琐事多，焦虑、抑郁、烦躁、疑神疑鬼、容易神经质。

当进入这个年龄阶段，很多中年妇女的典型病症开始表现出来，让很多女性猝不及防，由于对身体规律缺乏了解，普遍都对容颜不再及疾病有恐惧和担心。

中年妇女的心理特征是：对美容、保持青春非常敏感和在乎，舍得投入；缺乏安全感，自信度下降；容易忽视疾病。

只要能让其年轻漂亮，她们是愿意花钱的。在销售过程中必须用肯定的语言让其对销售人员产生信赖乃至依赖。

中年妇女的典型病症表现为：睡眠质量下降，容易出现失眠；脾胃消化减弱，免疫力下降；皮肤出现皱纹，干燥；面色苍白、萎黄、有黄褐斑；多患有妇科疾病，如产后阴道壁膨出、阴道炎、宫颈炎、盆腔炎、附件炎、月经不调等。

知道了中年妇女的典型病症，如何发现需求就变得很容易，即从典型病症的不同角度问几个问题，确定对方症结所在，然后有针对性地进行推荐。

中年妇女的购买偏好及关键成功要素：中年妇女对能美容、驻足青春的产品高度关注，期望值大，舍得投入；可围绕青春、容貌、气质、身材、年龄等方面展开销售攻势。

下面是针对面色萎黄的中年妇女推荐益精血的药物（如复方滋补力、桑椹膏等滋阴、填精、益精血的药物）的示例。

话术："美女，你五官精致，气质非常优雅。"

点评：发现对方客观存在的优点进行赞美。

"但美中不足的是因气血不足，面色看上去有点偏黄，不够红润。"

点评：一是直接表达观点，不要说"但是"；二是抓住中年妇女的典型病症气血虚。

"如果不管它，将来会长斑。"

点评：描述危害，强化客户的恐惧。

"所以您现在一定要从益精血入手进行调理，这样才能恢复您美丽的容颜，到时候您会显得更加年轻美丽。"

点评：给出治疗方案及令人怦然心动的效果。

"因为我们女人靠血来养，像您现在在症状比较轻的情况下，按照我的方法一周就会有比较明显的效果，按疗程服用，您的面色会得到根本性的改善。"

点评："临门一脚促大单"——按疗程服用！

在销售中，一定要摒弃见到客户不分男女老幼、职务高低、衣着装束等直接扑上去喋喋不休地推荐药品的行为，一定要学会客户辨识，有针对性地展开销售攻势，这样我们才可以有的放矢，提高成交率和客单价。因为这样的销售才是真正站到客户利益角度上的顾问式销售，因为我们的目标是：学会"客户辨识"，见一个成交一个！

（3）白领、教育工作者

在主力消费群体当中，白领公务员这个群体也是一个比较典型的群体，也就是我们传统意义上说的知识分子群体，虽然这个群体的人数看起来不是很庞大，但相对来讲消费能力比较强。这个群体很少给自己大量买药，很多时候来店里买药要么为了孩子要么为了老人。由于他们见多识广、有阅历又有一定的社会地位，因此不是特别容易说服，但一旦被说服的话又很容易形成大单，因此是一个非常重要的消费群体。

白领一族的生理生活特征是：耗能过大，用脑过度，运动少；应酬多，生活、饮食不规律；多有暴饮暴食、抽烟饮酒等不良习惯；长时间用电脑或久坐；睡眠少，不能给身体充分的调养；对疾病容易忽视。

这个人群表面光鲜，但为了工作和家庭大多为生活打拼，工作生活都有一定的压力，在当今社会形势下又不得不自己给自己加压，加上应酬比较多，有诸多不良习惯，因为在壮年又容易忽视疾病，因此得大病及猝死的几率增大。对白领这类群体，多通过问话挖掘对方的需求（找伤口），然后针对对方的需求将病因及危害描述清楚（撕伤口）就非常重要，最好将危害进行深入的描述，这样离成交就只剩一步之遥了，并且成交之后容易形成大单！需要注意的是，白领一族因为知识面广，对一般的说法往往持怀疑态度，那么销售的产品技能、联合用药的把握就非常重要，另外，不能说"我想、我建议"等模糊语言，一定要用肯定的语言说"你一定要怎样，否则就会怎样"等。

白领这个群体优越感强，因此在销售的过程当中一定要仔细聆听对方怎么讲并表示认同，在这个基础上再往下挖掘需求，绝对不可以否定对方并抢对方的话头。

白领一族的典型病症表现有：腰酸背痛、肢体僵硬、颈肩肌劳损、头发晕、脊柱歪斜、下肢静脉曲张；气虚、血虚、精力不集中，面色苍白，容易疲劳和出现低血糖；睡眠欠佳，食欲下降。

知道了白领公务员的典型病症指向，那我们问话设计的方向就很明显了，如果我们能连续问对几个病症表现，对方一定会把我们视为非常专业从而产生信赖，而信赖是一切成交的基础。

对这类群体，必须用肯定的语言告诉其疗效确切和服用方法，同时提出联合用药的成交请求，一定不能被动方的气势压倒，一定要克服恐惧，敢于要求。

说服该群体的关键成功要素：奉若上宾，尊重有加；认真聆听，不否定客户提出的异议；利益陈述条理清晰，简洁、准确不啰嗦，有说服力；态度不卑不亢。

这方面请看下面针对一位疲劳、嗜睡的客户的荐药示例，这位客户是公务员，长期工作压力大，应酬也比较多。

销售人员："您好先生，您需要点什么？"

客户："我总是感觉浑身没劲，看买点什么药好。"

销售人员："哦，看您气质非常好又有派头，您一定是国家干部吧？"（适度赞美可以拉近距离建立信赖）

客户："算是吧！"

销售人员："像您这种情况，工作是不是很辛苦？"

客户："可不是嘛，现在管得严，经常需要加班。"

销售人员："那您平常应酬多吗？"

客户："多，没办法！"

销售人员："理解理解，您这种情况，主要是由于您长期熬夜，生活不规律大量耗损阴液而导致精血亏虚而出现的疲劳嗜睡症状，如果任由发展下去，可能会造成您身体器官的病变，严重的话可能会影响到您的工作和家庭生活。"

危害描述的语言（撕伤口）要放慢语速清晰描述，这样才能给对方留下深刻印象，并为接下来的大单奠定基础。

"您现在开始调理还来得及，调理呢就要从中医入手，必须从滋阴益精血入手进行长期调理，才能解决根本问题！"治疗方向必须要用肯定的语言，并且一定要注意只说治疗方向而不说药物名称，很多销售在这个时候开始着急推药，导致销售终止，失败就失败了这个环节。

"您按照我给您的治疗方案三天以后就有明显效果，但冰冻三尺非一日之寒，要彻底地改善您的症状，记住一定要按疗程服用，才能得到根本的治疗，三个月之后您一定会恢复青春活力，到时候您精力充沛，一定会让您的爱人觉得您好像换了个人，在单位工作效率也会更好，然后因此升职也说不定！"服用方法+效果描述清楚，会让客户感受到我们专业并且真心服务于客户，从而提高客户满意度，另外效果的描述结合客户的实际情况进行形象描述，会让对方放心购买并进一步成为忠诚客户。

客户辨识是一个优秀销售人员的基本功，具备了这个基本功，我们就能做到针对不同类型的客户都能应付自如，从而大幅度提高成交率和平均客单价。因为我们的目标就是：学会客户辨识，来一个成交一个，并且都是大单！

（4）婴幼儿

婴幼儿这个群体，一般是由爸爸妈妈或其他长辈到药店给孩子买相关的药品，掌握这部分群体的消费行为，对销售业绩的提升帮助很大。

大人对孩子与生俱来的舐犊之情会让家长们为了孩子的健康成长不惜一切代价，尤其是在当前中国实行严格的计划生育政策，一个家庭普遍有一到两个孩子，因此我们可以说：搞定婴幼儿，成就一片天，销售必须从"娃娃"抓起。

婴幼儿的生理特征是：生长快速、新陈代谢旺盛；抵抗力较差、属于易感阶段；胃储存量小，食道短，容易形成反刍；皮肤、骨骼娇嫩，骨骼容易变形，皮肤容易损伤。

因此，只要是能帮助婴幼儿健康成长的药物，如补钙类、滋补类、治疗感冒、腹泻之类等药物都可大量引入，并在显著位置陈列和展示，吸引家长注意转而形成购买。

婴幼儿的心理特征有：喜吃，喜玩；简单、单纯；无风险意识。孩子们天真无邪，没有任何自理能力，完全需要家长抚养，因此家长们对他们都高度重视，尤其怕吃上出问题。因此，销售人员在跟家长们沟通的时候一定要打消他们是否安全的顾虑，对孩子服用之后的好处进行仔细描述，这样购买率就会大幅度提高。

婴幼儿的消费偏好是：口感好；外形、颜色有吸引力；赠品会直接带动销售。关于针对儿童药品在显著位置的特殊陈列以及小孩子喜欢的玩具等赠品，总是受欢迎得出人意料，甚至很多时候因为赠品就能达成销售。

婴幼儿的关键购买要素是：舍得投钱；消除是否安全的顾虑；补益时间长，容易形成大单。

这方面请看下面的示例——针对反复腹泻的婴幼儿建议猴耳环颗粒+锌钙特口服液，锌钙特口服液按照疗程长期服用。

"尽量不要让您的宝宝打针和输液，我们能打针就不输液，能吃药就不打针，您也知道在我们国家有滥用抗生素的现象，这个对孩子成长非常不好，因此建议您使用安全无副作用的抗生素。"一定要说治疗建议，而不要一上来就卖药！

"另外在腹泻期间，一定要加锌和L赖氨酸，它可以有效地增加肠道正常菌群的活性和数量，同时要加钙，让大便成型，有效地缩短腹泻时间，减少其他并发症的发生，如脱水而导致其他器官的损害，这样也避免了您到医院去输液，小孩也减少受罪。"专业的介绍和推荐会快速建立客户信任和依赖。

"建议您可以使用绿色安全的抗生素猴耳环颗粒加上锌钙特口服液一起服用，起效快，效果好，孩子少遭罪！""起效快、效果好、孩子少遭罪！"这就是家长喜欢听的！

"猴耳环抗炎消炎，还可以治疗腹泻，是中药绿色抗生素，起效非常快，您可以让您的孩子放心服用；锌钙特口服液离子钙，孩子服用非常好，除了可以治疗腹泻之外，您还可以让孩子长期服用，让您孩子吃饭香、长得壮、越来越聪明。"站到客户利益角度上的专业的产品技能展示，是一个销售人员基础的销售技能。

针对婴幼儿群体，销售人员只要站到孩子角度耐心去讲，而不是为了自己多卖药，你的爱心和专业的态度就一定能感染家长，因为补益时间长，这类群体很容易形成大单。

3. 记住拜访八步骤，工作效率提十倍

拜访八步骤的具体内容和完成标准，如表5所示。

表5　拜访八步骤

步骤	工作内容	完成标准
库存查看	1. 查库存 2. 查效期 3. 查批号，看有无窜货 4. 根据库存量按照1.5倍安全库存计算上货量	1. 具体品种的具体批号及数量 2. 近效期特别标注，及时售卖 3. 缺货门企业即时处理，单企业报回公司相关人员，企业即时与企业长沟通，确认到货时间，如不能马上满足，到附近企业调货，完善调货手续 4. 如有窜货即时报回公司相关人员 5. 以1.5倍安全库存建议补货
产品陈列	1. 产品陈列 2. 广宣布置	1. 货架尽量首层陈列，实在不能首层就摆放在第二层 2. 单品陈列面不得低于三个陈列面 3. 端架陈列要按照上轻下重的原则，单品满架陈列，要有跳跳卡 4. 堆头陈列单品满架金字塔陈列，要有海报特价或买赠标识 5. 收银台单面金字塔陈列
企业长沟通	1. 要求上货 2. 事务处理 3. 销售提升方案宣贯	1. 与企业长沟通上货或补货数量、确认到货时间和数量 2. 相关事务即时处理 3. 与企业长沟通销售提升方案并对具体的销售动作达成一致
信息收集	1. 门企业哪些产品走量最多 2. 这些类产品的地位状况 3. 门企业客流人次及日成交单数 4. 竞品信息收集	1. 走量多的产品与我方产品关系分析，同时调整动销策略并实施联合销售 2. 如出现动销不理想则分析原因，如价格问题、企业员的专业性等即时与企业方负责人沟通反馈，同时给出合理建议

续表

步骤	工作内容	完成标准
活动组织	1. 与相关负责人进行沟通，对目标、活动内容及资源支持达成一致 2. 活动现场布置 3. 活动物料准备 4. 活动开展	按照常规活动方案协助导购或我方销售进行现场布置、物料准备和开展促销活动
销售培训	1. 以增加每日销售数量为导向进行培训 2. 强化对销售联合用药的培训	1. 每日与导购热情寒暄，做好客情维护 2. 每日每企业至少与一名导购沟通提高客单价和联合用药的技巧
销售教育	1. 对销售进行鼓励、指导 2. 给销售做出示范	1. 每日对销售进行有效管理 2. 培训公司促销
现场助销	现场售卖	集客、体验、成交

需要强调的是，每日每个业务代表拜访企业的数量不得低于十家。

4. 不同客户辨识的基本常识

为了便于学习掌握，表6将本章辨识客户的基本常识进行了总结归纳。

表6 客户辨识常识

典型人群	生理、生活特征	心理特征	病症表现	消费偏好	购买关键要素	话术要点
中老年人	1. 身体机能加速衰退，易生病 2. 喜欢操心，情绪不稳定 3. 生活圈子小，生活技能下降 4. 信息来源少，容易相信介绍 5. 男性前列腺增生，肥大 6. 肌肉松弛、脏腑器官下垂，女性膀胱脱垂	1. 怕老、怕死、怕生病 2. 怕孤单 3. 希望被别人关爱	1. 行走不利索，反应迟钝，记忆力下降 2. 三高 3. 骨质疏松、骨质增生、关节变形 4. 代谢减缓、消化不利 5. 头晕、脑胀、耳鸣、视力减退等	1. 关注疗效 2. 注重价格 3. 爱占小便宜 4. 从众心理	1. 叫得甜，做好的聆听者，给予充分的尊重 2. 服务要有爱心、耐心 3. 真诚地陈述产品给对方带来的利益	1. 称呼得体，恰当 2. 捕捉信息准确 3. 利益陈述简练、确定，肯定、要达到一针见血的效果

续表

典型人群	生理、生活特征	心理特征	病症表现	消费偏好	购买关键要素	话术要点
30~50岁女性	1. 身体机能逐步退化，睡眠质量下降，不能解乏 2. 35岁以后雌性激素下降，体态和容貌逐渐衰老 3. 家庭琐事多，焦虑，抑郁，烦躁，疑神疑鬼，容易神经质 4. 45~50岁进入更年期，出现更年期症状 5. 身体透支较多，处于避孕阶段，是妇科疾病高发期 6. 属最容易血虚和气虚的阶段	1. 对美容、保持青春非常敏感和舍得投入 2. 缺乏安全感，自信度下降 3. 容易忽视疾病	1. 睡眠质量下降，容易出现失眠 2. 脾胃消化减弱，免疫力下降 3. 皮肤出现皱纹，干燥 4. 面色苍白，萎黄，有黄褐斑 5. 多患有妇科疾病：如产后阴道壁膨出，阴道炎、宫颈炎、盆腔炎、附件炎、月经不调等	1. 对能美容、驻足青春的产品高度关注，期望值大，舍得投入 2. 对治疗月经不调的周期非常关注	1. 围绕青春、容貌、气质、身材、年龄等方面开展开销售攻势 2. 肯定+危害+利益三段式陈述到位	1. 面带笑容，称呼得体，要让客户心生欢喜 2. 对危害和利益陈述要准确，简练，肯定

续表

典型人群	生理、生活特征	心理特征	病症表现	消费偏好	购买关键要素	话术要点
白领、教育工作者、公务员（官员）	1. 耗能过大，用脑过度，运动少 2. 应酬多，生活、饮食不规律，多有暴饮暴食，抽烟饮酒等不良习惯 3. 长时间用电脑或久站 4. 睡眠少，不能给身体无力的调养 5. 对疾病容易忽视	1. 要求高，压力大，欲求多 2. 好面子，虚荣心强 3. 有一定的阅历和知识水平，容易自以为是，狂妄自大，不容易说服 4. 戒备心理强	1. 腰酸背痛，肢体僵硬，颈肩肌劳损，头发晕，脊柱歪斜，下肢静脉曲张 2. 气虚、血虚，精力不集中，面色苍白，容易疲劳，出现低血糖 3. 睡眠欠佳，食欲下降	1. 不怕贵，更关注效果 2. 品牌意识较强	1. 奉若上宾，尊重有加，把对方视为上帝中的上帝 2. 认真聆听，不否定客户提出的异议	1. 利益陈述条理清晰，简洁、准确，不啰嗦，有说服力 2. 充分肯定和赞美对方

续表

典型人群	生理、生活特征	心理特征	病症表现	消费偏好	购买关键要素	话术要点
婴幼儿	1. 生长快速、新陈代谢旺盛、抵抗力较差、易感阶段； 2. 胃储存量小、食道短，容易形成反白； 3. 皮肤、骨骼娇嫩，骨骼容易变形、皮肤容易损伤	1. 喜吃、喜玩 2. 简单、单纯 3. 无风险意识 4. 父母及家人高度关注是否健康 5. 担心吃出问题	1. 生长发育迟缓、智力低下、多动 2. 反复感冒、腹泻、口腔溃疡、手足口病、肺炎 3. 皮肤溃疡、皮肤疹子，骨骼异形，出现生长痛	1. 口感好 2. 外形、颜色有吸引力 3. 赠品会直接带动销售	1. 舍得投人 2. 消除是否安全的顾虑 3. 补益时间长、容易形成大单	1. 确保效果的同时一定要打消是否安全的顾虑 2. 按疗程购买、同时按规定时间服用，服用的注意事项要逐条交待清楚
青少年	1. 生长快速、新陈代谢、第二性征发育阶段，也是最佳时期； 2. 学习资讯广泛而量大、用脑较多； 3. 锻炼少、户外活动少。	1. 比较自我，与父母沟通困难，形成代沟； 2. 敏感，特别关心别人如何看待和评价； 3. 好攀比，嫉妒心强，逆反心强； 4. 爱美，好帅气，关注异性。	1. 第二性征发育迟缓：个子矮小、生殖器官发育不良； 2. 弯弓驼背、脊柱歪斜、生长痛； 3. 青春痘、粉刺； 4. 情绪波动、反复无常，心理障碍和心理疾患。	崇尚品牌。		1. 从满足自我人手 2. 从让对方漂亮、帅气、有吸引力人手

第三节　学会问话"找伤口"

1. 能够正确问话的销售才是"中国好销售"

在日常销售中，平庸的销售员是客户要什么就拿什么，这样的销售员在店面销售当中甚为常见，而真正的销售高手善于站在专业的角度和客户利益的角度通过问问题挖掘客户的需求，并针对客户需求提供专业的意见和解决方案及增值服务，从而快速建立客户信任和信赖，与客户建立良好关系，大幅度提升成交率和成交质量。

因此，在销售的过程中问话的设计尤为关键，能否很好地通过问问题挖掘需求、引导成交，是平庸与优秀销售的根本分水岭。

（1）问话设计四原则

原则一：以开放式的问题让客户多说。在一开始接待客户的时候一定要以开放式的问题让客户多说，因为这样才能对客户表达出来的信息进行收集分析和处理，得出有效的需求切入点，让客户说得越多，你就越了解对方的需求。另外，让客户多说满足了客户表达的欲望，在客户表达的过程中你不断地对客户表示认同和赞美，就会得到一个很好的效果，那就是：你让客户说得越多，客户就越喜欢你！

原则二：沉默是金。一个好的销售人员一定不要喋喋不休；一定要注意在提问后保持沉默，这样会将压力抛给客户，客户就会在你提出的问题的引导下思考并回答。如果沉不住气，不掌握对话的主动权，那你一开始就输了！

原则三：坚信客户一定会购买。一个优秀的销售人员一定会让坚信客户一定会购买来贯穿销售全过程，擅长在销售过程当中用肯定的句式同时不断展示客户服用以后的效果来引导客户成交。

原则四：始终站在客户利益的角度专业的呈现。一个优秀的销售人员在销售的始终始终要展示出我们的方案给客户提供的价值和好处，这样才能打动客户。

（2）问话设计要点

要点一：用客户当下的需求来揣测对方的疾病和症状，同时问开放式或者选择性的问题让客户回答。

比如，客户购买阿司匹林肠溶片，我们可以这样问："您是用于防治血栓形成呢还是用来消炎镇痛呢？"如客户购买清火片，可以这样问："您是大便干结呢，还是口舌生疮，还是咽喉肿痛？"

要点二：利用提问测试客户回应、掌控对话进程，从客户陈述中再次提问并适时推出掌握的专业技能，并引导客户的陈述。比如："哦，是血脂高啊，您知道血脂高是怎么形成的吗？如何调理您清楚吗？您知道长期服用降脂的西药有什么危害吗？……"

要点三：客户买单以后主动提出服药期间的注意事项，这样会显得很专业并且能够培养忠诚客户。比如："服用方法是这样的，饭后两小时温开水冲服，阿司匹林尽量晚上用，如有肠道不适请停用阿司匹林，改用行气活血的丹参滴丸、三七（血塞通）、心舒宝等行气活血化瘀软化并修复血管的药；您平时要注意加强有氧运动，控制饮食，多以素食和优质的高蛋白（鱼肉）为主；食用油多以不饱和脂肪酸为主，如橄榄油或玉米油；任何时候起床时注意三个半分钟：睁开眼睛清醒半分钟，穿好衣服在床上坐半分钟，下床时在床沿坐半分钟。"

真正的销售不是强卖强卖，是从人性出发，以关心、关怀、爱来直击人心！

（3）问问题的技巧

一是直接问本次销售行为有关的问题，别问不着边际或没有意义的问题。比如："您是这种症状还是那种症状呢？""你是这里痛还是那里痛（选择性问题）？"

二是针对随便看看的客户问题设计。比如："帅哥，您需求哪方面的药？我是企业的销售服务专员，我可以为您提供周到的服务，及时满足您的需求，同时尽可能为您节约时间和费用，好吗？"

三是要问客户有特别兴趣关注的问题。比如："您知道您的月经不调是怎么形成的吗？""您这个状况不及时治疗的话，您知道会有什么后果吗？""您知道怎么补钙才是最有效的吗？"

四是重复客户原话+专业观点陈述+反问（三段式句式），以此来增强说服力。比如："我非常同意您的观点，正如您刚才所言……这种情况发生是由如下几个方面引起的，第一……第二……第三……所以还真的必须从这几方面解决，您说是吧！"（以问结尾）

成功的销售人员一定是在实践中不断练习的，在问话中注意得体的肢体语言和微笑，并善于察言观色来引导成交，做一个有心人，那么就一定能够每天都会有进步，假以时日，一定能成长为前途不可限量的优秀OTC销售！

2. 让你瞬间变高手的导购员问话工具箱

在销售的过程当中，很多销售人员都知道问问题很重要，但问题的关键是不会发问，要么问题问得没有意义（如"今天天气不错是吧？"），要么问的问题让人反感（如"您平常和您老公的关系怎么样？"），要么见面只问一到两个问题，对方的需求还没找到就马上拿药强推。显而易见，这样的销售最终只会导致失败。

我们在实践中发现，贯穿销售过程的无外四种类型的问题，分别是：现状型的问题、问题型的问题、暗示型的问题及结论型（成交型）的问题。它们之间的逻辑关系是这样的：首先，见到客户首先要跟客户打招呼，通过现状型的问题拉近跟客户的距离，建立信任，因为建立信任是销售的基础；接下来通过问题型的问题挖掘客户的需求；然后通过暗示型的问题将客户的需求引导到你想售卖的产品上面；最后通过结论型的问题锁定成交。

学会了上述四种类型问题的设计，就可以通过问问题来引导成交了，必须注意，这四种类型的问题前后次序不能颠倒，销售必须一步步来，如果一见到客户，不拉近距离、不问需求，直接要求成交，只会把客户吓跑。

下面将上述四种问题类型分别进行话术示例。

（1）现状型问题的话术示例

"姐，您这气质一看就非同一般，您一定是国家干部（老板）吧！"

"亲爱的，看您气色不错，一定非常注重保养吧！"

"老板，您这几天都没过来，最近在忙啥呢？"

"帅哥，您需要哪方面的产品，是给自己看还是给家人看？我是这边的专员，有什么需要的我可以全力帮助。"

"美女（帅哥），你今儿咋个啦，最近是不是压力大啊，看上去气色不理想啊"

"我有什么可以帮您？"

总之，一个有亲和力并且善于发现对方优点且能给予恰当赞美的销售总是会有好业绩，因为他们解决了客户信赖问题，消弭了陌生感，拉近了彼此的距离。

（2）问题型问题的话术示例

"您是不是总觉得困但又睡不着啊，好不容易睡着了又容易醒，做不做梦啊，解不解乏啊，记忆力好不好啊？"

"您是不是经常觉得眼睛干涩，视力模糊，视力减退啊？"

"您有没有咽干口渴啊，喝水了仍旧不解渴啊？"

"您有没有夜尿频多的情况，小便是不是无力呢，有没有尿分叉呢？"

"月经正不正常，是不是准时来了，时间长不长啊，量正不正常啊，有没有黑块啊，来的时候有没有腰酸背痛、小腹坠胀？有没有感觉乳房有肿块啊？"

"有没有腰酸背痛？有没有出现幻听，视力、记忆力减退啊？走路腿脚感觉是不是没有以前那么灵活了啊，稍微走久一点就觉得关节疼痛了？"

"有没有腰酸背痛，平时感到很疲惫啊？是不是经常熬夜，饮食规不规律？爱不爱喝酒、抽烟啊？"

"您已是××病人了，您的××不好的话，就会……"

挖掘需求的过程也是撕伤口的过程，让客户越痛，成交的质量就越高！

（3）暗示型问题的话术示例

"根据您的情况，我向您推荐的这几个××产品，两至三天就能解决您的根本问题。"

"我们的回头客特别多，您看这批号都是新的。"

"您看我们这个陈列面多好，如果卖得不好，企业不会给我们这么大支持的。"

"我给您留个电话，有什么问题您可以给我打电话，我这个电话不是假的，您可以立马给我拨一下。"

"您看，我们这经常帮客户邮购，也有送货上门的。"

"您是××疾病啊，本身您的××病对肝肾心都有损害，这个是西药，长期服用对肝肾心不好，但是您又丢不掉，所以必须加上护肝保肾养心的中成药，您家里有VE、VC吗？"

"鉴于您这种情况，您必须……"

客户只是有需求还不是最重要的，重要的是将需求锁定到我们想售卖并且能够真正解决客户问题的相关药品上。

（4）结论型问题的话术示例

"今天门企业搞活动，非常优惠，您多拿两个疗程吧。"

"您经常出差吧，一次把药品带够吧。"

"您看您今天是拿一个月的量还是两个月的量？"

"您平时是不是特别忙啊，今天是不是要一次拿够啊？"

"临门一脚促大单"是关键的成交环节，此时一定要"克服恐惧，敢于要求"，这样才能提高成交效率，促使业绩节节攀升。

有了各种类型问题的工具箱，聪明智慧的你知道如何运用了吗？其实销售没有那么困难，技巧也不是你想象的那么重要，平庸到卓越只是一步之遥，只要愿意做一个用心精进的销售，成功一定会向你招手。

为了便于学习掌握，下面将本章问话的基本常识总结归纳，如表7所示。

表7　销售问话基本常识

分类	问题明细	询问要点	注意事项
现状型问题	1. 姐，您这气质一看就非同一般，您一定是国家干部（老板）吧！ 2. 亲爱的，看您气色不错，一定非常注重保养吧！ 3. 老板，您这几天都没过来，最近在忙啥了？ 4. 帅哥，您需要哪方面的产品，是给自己看，还是给家人看，我是这边的专员，有什么需要的我可以全力帮助你。 5. 美女（帅哥），你今天咋啦，最近是不是压力大啊，看上去气色不理想啊。 6. 我有什么可以帮您？	赞美+肯定+询问，快速拉近距离，建立信任。	1. 眼神、微笑要自然； 2. 站姿、站位、手势要规范。
问题型问题	1. 您是不是觉得总是觉得困但又睡不着啊？好不容易睡着了又容易醒，做不做梦啊？解不解乏啊？记忆力好不好啊？ 2. 您是不是觉得经常眼睛干涩、视力模糊、视力减退啊？ 3. 您有没有咽干口渴，喝水仍旧不解渴啊？ 4. 您有没有夜尿频多的情况？小便是不是无力呢？有没有尿分叉呢？	深度挖掘客户的痛苦。	对症状表现、病理要很清楚。

续表

分类	问题明细	询问要点	注意事项
问题型问题	5. 月经正不正常？是不是准时来了？时间长不长啊？你的量正不正常啊？有没有黑块啊？来的时候有没有腰酸背痛、小腹坠胀了？来例假有没有感觉乳房有肿块啊？ 6. 有没有腰酸背痛？有没有出现幻听，视力、记忆力减退啊？走路腿脚感觉没有以前那么灵活了啊？稍微走久一点就觉得关节疼痛了？ 7. 有没有腰酸背痛？平时感到很疲惫啊？是不是经常熬夜了？饮食规不规律？爱不爱喝酒、抽烟啊？ 8. 您已是××病人了，您的××不好的话，就会……	深度挖掘客户的痛苦。	对症状表现、病理要很清楚。
暗示型问题	1. 根据您的情况，我向您推荐的这几个XX产品，保证肯定2～3天就能解决您的根本问题。 2. 我们的回头客特别多，您看这个批号都是新的。 3. 您看我们这个陈列面多好，如果卖的不好，企业里面不会给我们这么大支持的。 4. 我给您一个电话，有什么问题您可以给我打电话，我这个电话不是假的，您可以立马给我拨一下。 5. 您看我们这经常帮客户邮购，也有送货上门的。 6. 您是××疾病啊？本身您的××病对肝肾心都有损害，这个是西药，长期服用对肝肾心不好，但是您又丢不掉，所以必须加上护肝保肾养心的中成药。家里有VE、VC吗？ 7. 鉴于您这种情况，您必须……	1. 肯定+危害+利益陈述（三段式话术）； 2. 从客户利益角度出发为客户提供解决方案。	一定要针对客户的需求，衔接自然，不强买强卖。
结论型问题	1. 今天门企业搞活动，非常优惠，您多拿两个疗程吧。 2. 您经常出差吧？就一次把药品带够。 3. 您看您今天是拿一个月的量还是两个月的量？ 4. 您平时是不是特别忙啊？今天是不是要一次拿够啊？	1. 肯定的句式，坚信客户一定会购买； 2. 按疗程购买，最大限度提高客单价。	1. 不能不自信； 2. 必要的话带客户到收银台。

3. 让你瞬间变高手的业务员问话工具箱

贯穿销售的过程的四种类型问题——现状型的问题、问题型的问题、暗示型的问题以及结论型（成交型）的问题对业务员同样适用，只是业务员的在话术运用时与上一节说的导购员有所不同。下面我们就一起来看看业务员是怎么运用这四种类型问题的。

（1）现状型问题的话术示例

"您这类产品卖得怎么样？"

"您这类产品的利润怎么样？"

"卖了多长时间了？"

"有没有专人服务？"

"厂家有没有给您提供其他服务（年终返点、物质资源配备、专业活动推广服务）？"

"销量一天能不能达到3000盒或5000盒啊？"

（2）问题型问题的话术示例

"看起来总体的销售额不够理想是吗？"

"这类产品的利润是不是太低了？"

"您觉得这类产品的服务是不是太欠缺？"

"您觉得这类产品价格体系如此混乱会不会给您造成影响？"

"这类产品你们人员会卖吗？"

（3）暗示型问题的话术示例

"如果我们的产品是它的几倍甚至几十倍的利润，而且省妇幼、成华区妇幼保健院的医生开得都很好，您愿意马上引进吗？"

"如果我们有一支专业的团队，能够帮助您快速上量，您觉得怎么样？"

"这种产品的价格维护的也特别好，能够确保您的长期利益，您觉得怎么样？"

"我们是以有竞争力的产品组合形成联合销售，以此增加您的份额，提升您的利润，您觉得怎么样？"

"我们合作成功后一定会提升您个人的业绩，同时让您在领导心目更有分量，这样的好事哪里找？"

（4）结论型问题的话术示例

"我们今天就把协议签了，早签早赚钱，您说是吧？"

"您指定一个好一点的企业，我们马上试一试好吧？"

第四节 "撕伤口"

1. 绝密"四联话术"

到药店购买药品的客户大体上分两种，一种是有明确的需求，知道自己买什么，来了买上就走的；另一类是自己或与自己相关的人有疾病，来店咨询购买的。平庸的销售对待第一类人往往按照客户的意思，客户拿上药品就离开了，对第二类客户一般会直接推荐一个药品，但是又讲不清楚为什么给客户拿这个药品，导致客户心存疑虑，如果这个时候还喋喋不休地就药论药，客户甚至会有强卖强买的感觉。

这样平庸的销售在现实生活当中不在少数，可以说由于大量平庸销售存在，导致OTC门店业绩不佳，因此，门店业绩不佳最直接的办法是先从销售上面找原因。

实际销售当中有很多人员抱怨管理干部下的任务量大、完成不了，又抱怨业绩不佳挣不到钱，其实究其原因都是自己的原因。平庸销售的关键问题是不知道如何探询客户的需求，都是按照客户所讲直接推荐药品名称但同时又没有把药品的药理、疗效、针对的相关病症讲清楚。

无论是哪一种类型的客户，他们都有表现出来的或者潜在的需求，销售要想知道客户真正的需求，一定要通过察言观色和询问的方法来进行，这是顾问式销售的真谛所在，只有知道了客户真正的需求和潜在的需求之后才能展开有效的销售动作。因此，销售员循序渐进的问题设计就很重要；但同时大量的销售员在问问题上存在很多问题，不会通过问问题找寻客户的需求，通常的销售场景如下：

销售："您好，我有什么可以帮您？"

客户："我想买……"（或者："您这边有治疗高血压的药物吗？"）

销售："哦，这个药品在这里。"（开始推荐药品名称）

这样简单销售的话，其实销售的价值是不大的，这是因为销售员并没有探询需求的动作，只是根据客户表现出来的需求来直接推荐药品，那对客户真正的需求和潜在的需求还是不明白。销售必须通过问问题来找询客户的需求，然后根据客户的需求有针对性地推荐、引导成交才是王道。

我们在实践当中针对销售的销售动作设计出了一套行之有效的"四联话术"销售工具，在实际运用中产生了很好的效果。

所谓"四联话术"，就是四个阶段的话术和关键动作呈现：第一阶段，通过一些问题的设计探询需求，问完需求之后，知道了客户及其相关人员的具体的病症；紧接着进入第二阶段，要讲讲这个病症是因为什么发病进而讲一讲不治疗或治疗不当的危害；第三阶段讲一讲治疗的方向应该是什么样的，注意在这个阶段销售不要直接提药品的名称，只说治疗方向，客户在这个阶段如果你对需求判断正确，症状及危害描述得清楚，客户一般就会迫不及待地问："那我用什么药好？"如果客户这样，那恭喜你，你基本上把客户搞定了；最后进入第四阶段，说出联合用药的方案和疗效，客户就会欣然接受了。

上述四个阶段分别是问话——病理（危害）——治疗方向——用药方案及效果，在此过程当中，销售应当一边问，一边阐述，一边观察客户的反应。

实践证明，四联话术不仅能大幅度提高成交率，而且能够大幅度提高客单价，前提是销售员必须真正懂得顾问式销售的真谛和对产品及联合用药方案非常熟悉，如果经过我们的有效培训，能让销售员做到这两点并按照四个阶段的逻辑来进行销售，那你的团队将无敌于OTC界。

举个例子来讲，一位中年女士最近总是感觉睡眠不好，且气色有些差，来药店寻求解决方案。

销售："您好，我有什么可以帮您？"

女士："我睡眠不好，有什么药品效果比较好啊？"

销售："哦，您睡眠不好，这样有多久了？"（开始询问需求）

女士："有一个多月了吧。"

销售："是睡得很轻，还是睡睡醒醒啊？"

女士："睡得很轻，也容易醒，而且醒了之后睡不着。"（问题问得好，客户开始愿意倾诉）

销售："看您的气质很优雅，您是在大公司做领导吧？"（赞美+询问，每个人都需要认同和赞美，销售会赞美很重要）

女士："嗯，差不多。"

销售："那您是不是偶尔会觉得有一些工作压力啊？"（继续发问，为需求确认奠定基础）

女士："是的，有压力，事情很多，有时候也心烦，但是没办法啊。"（说到客户心上了，打开心扉开始倾诉，销售与客户距离瞬间拉近，客户的戒备心理解除）

销售："哦，理解理解！（优秀的销售会一直表示认同和理解，而不会反对客户的说法）那您情绪上偶尔也会感觉到不舒服是吧，冒昧问您一下，看您打扮这么得体，您一定生活很幸福了！"（委婉的问话，一点都不唐突）

女士："什么呀，也心烦，孩子不太听话。"

销售："哦，孩子多大了？"

女士："14岁，初三年级。"

销售："哦，您不用担心，青春期的孩子都这样，正确引导就好了。"（给客户宽心，把客户当朋友）

销售：（进入病理+危害的第二阶段）"像您这种情况就是因为您长期

工作压力比较大，而且情绪上也调整得不是很好，导致您津液耗损过多而引起您睡睡醒醒、睡眠不好的症状，另外也是因为这些原因导致您气色也不是很好，如果您任由这种情况下去的话，不仅会造成您情绪持续抑郁，您的气色也会进一步变差，甚至会长斑。"

女士："哦，那可怎么办？"

销售：（紧接着进入治疗方向的第三阶段）"像您这样的情况，必须得从滋阴益精血入手调理，才是解决您现在睡眠不好并改善您气色的根本办法，毕竟我们女人靠血来养，您调理好了之后，您才会重新变得容易入睡，一觉睡到大天亮，重新变得容光焕发，那时候您就显得更加漂亮啦。"（这个阶段注意一定不要直接推荐药物名称，一定要把治疗方向描述的清晰准确）

女士："那我应该用什么药物？"（迫不及待地问药物名称）

销售：（联合用药+效果）"我们这里有一个白马牌的桑椹膏，是滋阴益精血的良药，因为您长期压力大也会造成您脾虚，建议您加上归脾丸一起服用，您服用桑椹膏加归脾丸之后，当天服用当天晚上就会见效，一个星期内您的睡眠会得到改善，您睡眠好了，气色也会随之好转，不过要想治疗，您必须按疗程服用才行。我们这个桑椹膏一个月三盒一个周期，三个月九盒一个疗程，长期服用效果更好，您一定要按疗程购买，您今天是买一个疗程还是两个疗程？"

女士："我先拿一个疗程吧，谢谢您！"

销售："我现在给您包好，您把我电话记下来，我们可以随时沟通，您有什么不明白的可以问我，我一定尽力给您解答，另外，您的药用的差不多了就给我电话，或者您来或者您忙的话我给您送过去也可以！"

（通过留下联系方式和优质的服务培养忠诚客户）

女士："好，谢谢您！您的电话是？"

……

以上是一个优秀销售完整的销售过程，如果经过训练能让销售员把四联话术完美地展示，将会对你的OTC门店销售业绩产生强有力的推动作用。我们对成都、深圳、广州等地的诸多客户调查发现，除了常规的销售业绩提升辅导之外，导入四联话术的训练后，无一例外都产生了业绩快速提升的效果。

2. 业绩暴涨的两个密码

我们在市场实战和调查的过程中经常会发现如下现象：其一，同样的地域，地理位置差不多，但由不同的公司和人来经营，业绩差别很大，甚至一家红红火火，但另一家却面临倒闭！其二，一样的团队，管理团队和人员素质不见得比其他团队优秀到哪里去，但是业绩却是天壤之别。其三，同样的一个人，在你这里业绩不好，到另外一家企业人家给培养培养，业绩起来了！其四，同样的一个团队，有些人就职时间不长但业绩节节攀升成为销售高手，却总有一些人虽然在公司时间很长，但一直业绩提升乏力，并且总是一堆抱怨。

应该说，这些现象在公司运营当中这些现象屡见不鲜，甚至大家都见怪不怪，不会对此深入思索。一家公司要在市场竞争日趋激烈的环境下生存下来乃至业绩节节攀升，核心是什么？业绩倍增有没有密码？如果有的话，究竟是什么？

客户为什么要买你的产品？如果我们拿这个问题问销售人员，答案也是千人千面。诸如："因为我介绍产品介绍得好！""因为我死缠着不放，我用我的信心打动他！""因为我感觉我有亲和力！""因为我销售技巧掌握得好！""因为我长得帅。"（这个答案虽然好像很可笑，但却是很多人过于关注自己的真实想法）

其实，基于人性的需求，我们会发现：一个客户之所以买你的东西，无外乎你做到了这两点：第一，你基于客户需求给出了解决方案，并把这个解决方案能给客户什么好处告诉了客户；第二，在你销售的过程中，客户对你产生了信任，因此客户就购买了！

简单来说，要想业绩翻番乃至暴涨，第一是卖好处，第二是卖信任！换句话说，如果客户不相信你，那你销售技能展示得再好也没有用，你的位置再好也没有用；同样，陈列广宣促销统统没有用！而在客户相信你的前提下，你把客户带来的好处最大限度地传达给客户，那你的成交和客单价就统统不是问题！

懂得了这个道理，我们就能解释很多现象：为什么有些公司位置很好却面临倒闭；为什么有些人口舌如簧却业绩平；反而有些人不善言辞却是销售高手；为什么有些人换个地方培训培训马上业绩增长……所以，放弃你的卖弄技巧，转而想办法如何获得客户信任吧，否则客户还是会继续讨厌你而不买你的产品；放弃你的不实虚假宣传和话术吧，否则客户这次上当下次将绝不再来；放弃你的高毛利首推品种转而用心为客户服务吧，否则你的公司倒闭都不知道是怎么倒闭的！

打开业绩倍增密码，实现业绩节节攀升，一定要抓好以下两项工作：

第一，做好提炼和训练。

关键动作如下：一是把公司相关产品、产品组合针对的人群及适应证的内容提炼出来并转化成客户接待的关键动作和话术；二是把关键话术和动作整理成销售工具，并以一对多的封闭式及会议培训的形式反复训练直至每个人都掌握；三是建立跟踪考核机制，使关键动作及话术落地转化成每个人真正的技能。

第二，培养让客户产生信赖的能力。

关键动作如下：一是让每一个人都能认识到站到客户利益角度上售卖产品的重要性；二是要让每一个管理干部和销售人员都要认识到，客户不关心你是谁，不关心你长得究竟是美还是丑，客户关心的只是你的产品能够给他带来什么好处、实现什么价值，因此，一定要站到客户利益角度上给客户提供解决方案；三是仪容、仪表的标准化和站姿、眼神、微笑、引路等基本礼仪的训练；四是学会顾问式销售；五是学会通过问问题探询客户的需求，然后再根据需求来介绍和推荐解决方案，要让每一个人都知道"问对问题才能赚大钱"的道理！

因此，业绩倍增乃至暴涨很简单，没有那么复杂，就是让你的团队掌握以上两个密码，让团队把这个密码打开，时刻运用到工作当中，就好了！

示例一：桑椹膏四联话术

销售桑椹膏时可以运用四联话术，如表8所示。

表8 关于桑椹膏的四联话术

病症	问话	病因	治疗方向	效果	联合用药
上火	1.熬夜引起的吗 2.还是吃燥火的引起的？酒喝多了 3.是大便干结还是口舌生疮 4.是口干舌燥，还是咽喉肿痛 5.喜喝冷饮吗？心头有没有感到有火一样，不舒服	因长时间熬夜，或酗酒，或过于劳累，或常吃辛辣燥火偏阴或阴虚之品，或先天素体偏阴或阴虚，或情志不畅，或房劳过度，或外伤出血，或月经量大，周期过长，或手术失血过多等各种因素，致阴液、精血、津液不足而发病。出现：	滋阴降火、生津润燥。	服用1~2次显效，2~3天症状消除，注意饮食清淡，尽量不熬夜。	与猴耳环或裸花紫株或热淋清或谷热通淋联用。
睡眠不好	1.工作压力大，还是有心事 2.还是长期夜班或经常熬夜，打乱了生物钟	阴虚阳亢，魂神不安而出现失眠多梦，睡眠不深，睡醒醒的状态；阴虚生内热，津液耗竭，致口渴，口舌生疮，牙龈肿痛或出现咽干口燥，或大肠津液不足，出现大便干结引发便秘。	滋阴、益精血，使魂神安宁。	当天服用，头三天显效，头天剂量增大，但必须按疗程服用，方可调理彻底。	与葡萄糖酸钙锌和谷维素联用。
便秘或习惯性便秘	1.偶尔便秘，还是长期便秘 2.长期在用该药吗 3.经常出差吗	阴虚精血、血供不足，致大肠蠕动收缩无力而出现习惯性便秘。	滋阴、生津润燥、健脾强肾增压。		与麻仁丸或润秘胶囊联用。
夜尿频多	1.有夜尿频多的现象吗？这种情况有多长时间 2.身体有没有其他不适现象	因长时间熬夜，或过于劳累，或酗酒，或常吃辛辣天素体偏阴劫阴之品，或先天天素体偏阴，或脾虚，或房劳过度，或月经量大，周期过长，或痔疮出血，或年事已高等各种因素，致使阴液、精血耗损出现肾封藏失职发生的症状表现。	滋阴、填精、补血固肾	当天服用，头一周剂量增大，但必须按疗程服用，方可调理彻底，以免反弹。	与葡萄糖酸钙锌口服液联用。

示例二：锌钙特口服液四联话术

销售锌钙特口服液时可以运用四联话术，如表9所示。

表9 关于锌钙特口服液的四联话术

病症	病症解释	问话	治疗原则	话术	效果	联合用药
腹泻	是指排便次数明显超过平日习惯的频率，粪质稀薄，水分增加，每日排便量超过200克，或含未消化食物或脓血、粘液。腹泻常伴有排便急迫感、肛门不适、失禁等症状。腹泻分急性和慢性两类。急性腹泻病发病急剧，病程在2~3周。慢性腹泻指病程在两个月以上或间歇期在2~4周内的复发性腹泻。	1. 大便什么形状？是稀质还是水分增加，或含未消化食物，有粘液？ 2. 腹泻常伴有排便便急迫感，肛门不适、失禁等症状吗？ 3. 是慢性肠胃炎吗？	增加肠道益生菌的数量，使大便和活性，便成型，腹泻成型一天必须超过一天必须同时补充糖盐水；饮食清淡，易消化；有脓血或粘液要加3~5天的诺氟沙星。	没有脓血和粘液就用不着服用诺氟沙星，只需用（钙）和增加肠道生菌群和助消化成型（锌和赖氨酸）就可快捷解决腹泻问题；有脓血或粘液在用诺氟沙星的同时必须增加肠道益生菌的药，这样可快捷解决腹泻，同时缩短腹泻时间，减少腹泻控制时不及时带来的其他症状并发症：如脱水，破外电解质平衡而引起全身之力，低压，走路不稳等并发症。	轻度腹泻当天见效；腹泻严重当天显效，腹泻次数明显减少。3~5天症状消除，身体也无明显不适感。	轻度腹泻：与维生素C和复合维生素B联用，适当补充水分，饮食清淡。严重腹泻，如有粘液：与诺氟沙星、维生素C和复合维生素B联用；适量补充糖盐水，饮食清淡，发病期间不吃苹果。慢性肠胃炎：与维生素C和复合维生素B联用月。补充肠道有益菌：双歧杆菌，乳酸菌，胃蛋白酶，多酶片等联用；适当补充水分，饮食清淡，易消化。

续表

病症	病症解释	问话	治疗原则	话术	效果	联合用药
青春痘	又名"痤疮""是一种毛囊、皮脂腺的慢性炎症,主要发生在颜面及胸背等多脂区。属于中医"肺风粉刺"范畴,中医分为"肺胃蕴热证""气血郁滞证""痰瘀结聚证"。	1. 是青春期开始长的,还是近期才长的? 2. 每年都复发,还是根本就未好彻底过? 3. 有多长时间? 4. 用过哪些药? 5. 想快速解决吗? 6. 知道怎么护理吗?	快速修复创面;增加细胞的通透性;养血补气,增强服用修复炎症机体的交换能力;少食糖果、甜食,多脂及辛辣刺激食物,避免饮酒,宜多饮水,避免大便秘结,多吃新鲜蔬菜与水果。	想快速解决您的困扰或烦恼,就必须疗程服用修复细胞通和面和增加细胞的药物,无副作用明透性,而且几天就有明显效果;不仅不会留下痘印,而且目可以逐步去掉原创口留下的色素;以后每年远离您这一年痘频恼,还您青春亮丽的肌肤。	3~7天痘角红肿消除,青春痘数量明显减少;1至发2个月,已发生的青春痘不见踪影;再连续巩固3个月,保您这一年远离痘频恼,还您青春亮丽的肌肤。	与维生素C和复合维B联用一到两周,少食糖果、甜食,多脂及辛辣饮料刺激食物,避免饮酒,多饮水,宜大便秘结,避免多吃新鲜蔬菜与水果。

续表

病症	病症解释	问话	治疗原则	话术	效果	联合用药
过敏	对某些物质（如细菌、花粉、食物或药物）、境遇（如精神、情绪激动或精神刺激）或物理状况（如受冷）所产生的或病理的超常的或病理的反应当人体抵抗原侵入功能过强时，在过敏原的刺激下就会发生过敏反应。	1. 是食物或花粉过敏引起的吗？ 2. 是药物过敏或遇冷引起的吗？ 3. 是阳光照射或受冷引起的吗？ 4. 是季节性过敏或机体会有过敏现象吗？	快速阻止过敏原的生成；修复炎症创面，增加细胞通透性；减少渗出；必须增强自身免疫力；尽量杜绝接触过敏原。	偶发过敏：必须服用快速阻止过敏原生成的物质，同时和修复炎症创面；增强营养，如杜绝接触过敏原，如怕冷的，尽量保暖；怕太阳晒的，擦防晒霜的同时减少外出或用遮阳伞。	偶发过敏：服用当天见效，2~7天痊愈。反复性的过敏：服用当天显效，2~7天症状明显缓解或解除，但需长期期服用调理，避免反复发作。	与维生素C和复合维B联用1~2个月；同时和补气血，排毒的药物联用，如热童膏和湿毒清胶囊等。
口腔溃疡及口角炎	是口颊、舌边、上腭、齿龈等处发生溃疡，周围红肿作痛，溃面有糜烂。	1. 是感冒引起的，还是反复性口腔溃疡（病毒）引起的？ 2. 是吃了东西出的血疱，还是干东西上火引起的（阴液还是熬夜上火引起的）？ 3. 平时爱吃蔬菜和水果吗（营养不均衡引起）？	快速修复创面；增强自身免疫力；滋阴，益精补血津液。	快速修复创面，减轻或愈您孩子进食困难；增强自身免疫力，快速绞杀病菌体；滋阴，润养口腔津液。	服用1至2次，症状明显缓解，未破口的患处减失，连续服用3~7天痊愈。同时注意饮食和休息。严重或反复性患者，反复性症状明显缓解或消除，连续服用三个月，复发的次数明显减少，注意饮食和休息。	与维生素C和复合维B联用1~5天；同时服用滋阴，益精润血润养口腔的水果或药物如紫樨膏。

示例三：月经不调四联话术

针对月经不调症状可以运用四联话术，如表10所示。

表10　关于月经不调症状的四联话术

类型	问话	病因	治疗方向	效果	联合用药
青春期少女	1. 来初潮多长时间？ 2. 平时喜吃辛辣食物还是喜吃凉食物？ 3. 月经是不是时有时无？而且周期不规律，还有痛经现象吗？	由于卵巢功能发育不完善而引起月经不调和痛经。或喜吃辛辣刺激食物和凉食期间吃生凉食物引起的月经不调和痛经。	增补激发肾气和促进卵巢功能发育完善的营养，如锌、钙、L赖氨酸和阴液、精血等营养元素，还有止痛活血增疏泄的药物。	经前一周开始用活血止痛增疏泄的药物，当月用当月见效；经后继续用激发肾气、益精血和促进卵巢功能发育完善的营养性药物连续服用六个月期，平时注意饮食清淡和例假期间思虑生冷，心情舒畅，作息规律月经不调现象自然消除。	经前：逍遥丸+金锌金钙特+止痛化瘀片。 经后：桑椹膏+金锌金钙特+维生素E+黄芪颗粒。

续表

类型	问话	病因	治疗方向	效果	联合用药
安环、服用避孕药	1. 采取什么避孕方式？ 2. 是安环还是常服避孕药？	因安环引起的身体排异反应，如月经周期过长或量大，严重的还会引起贫血、嗜睡、面色发白、记忆力下降和精神萎靡不振等，在医学上称为安环综合征；因常服避孕药，打乱体内自身激素水平而引起闭经周期不规律或出现闭经、量多等现象。	建议月经完后3～7天取环，和更换避孕方式，同时充养精血来调理和修复元气。	更换避孕方式，同时坚持半年以上调理和修复元气，症状自然消除，面色红润，皮肤细腻，光彩照人，工作生活两不误。	桑椹膏+健脾药（红豆、薏米、三药粥）+乌鸡白凤丸（黄芪颗粒）贫血加肝精补血口服液（富血康、枸橼酸铁等）。
精神因素：如情易激动、情绪不稳定，易受惊吓等	1. 爱发脾气还是经常生闷气？ 2. 有没有乳房胀痛的现象？ 3. 经量大还是？ 4. 有没有受过惊吓？	因情志不畅或受惊吓而导致气机不畅出现经期提前或延后，量少量多和痛经等现象。	益精血增疏泄，使气机畅达，同时保持乐观的心态。	要有遇事淡然心，保持良好的睡眠，这样调理3～6个月期自然痊愈。	桑椹膏+健脾药（红豆、薏米、三药粥）+逍遥丸+黄芪颗粒+金锌金钙特。

续表

类型	问话	病因	治疗方向	效果	联合用药
		常吃辛辣劫阴之品，使内热积聚，迫血旺行，经期提前或阴液不足致精血亏虚，出现月经量少，经期推迟等现象。	滋阴益精血的同时清热凉血，润养肠胃，即饮食清淡。		桑椹膏+清热凉血药（清热通淋、妇炎康复胶囊）+黄芪复颗粒+饮食清淡。
饮食习惯和生活习惯：如喜吃辛辣或喜欢例假期间吃生冷和碰生冷或作息不规律或作息不规律、抽烟、喝酒	1. 平时喜吃辛辣或辣或碰假期间吃生冷吃冷吗? 2. 作息时间规律吗? 3. 抽烟、喝酒吗?	常吃寒凉食物，特别是生经期会耗用过大，同时脾失健运或脾气不固，使精血亏虚和血瘀淤滞，出现经期延后或提前，痛经经来经量少、多，不畅，经色暗红有渣或血块，经期延长长等现象。	助阳（温经散寒）、益精血除湿，养时健脾增疏泄和行气肝经来肝增疏泄和活血化瘀。	第一个周期就有明显效果，连续调理3～6个周期自然痊愈，让您不再担忧引发其他妇科疾病的烦恼。	黄芪、当归、金贵肾气丸（早晨：生姜红糖水）+桑椹膏+健脾丸+益母草（量少）黄芪当归、金贵肾气丸（早晨：生姜红糖水）+桑椹膏+归脾丸、保和丸（月经延长）+逍遥丸（如有不畅，有热象加味逍遥丸）黄芪、当归、金贵肾气丸（早晨：生姜红糖水）+桑椹膏+归脾丸、保和丸（月经延长）颜色暗红有块再加活血化瘀：如止痛化瘀片、花红片、独一味、金刚藤、裸花等。

续表

类型	问话	病因	治疗方向	效果	联合用药
太瘦（节食）：女人节食体内脂肪含量至少达到体重的22%才能维持正常月经周期。	1. 平时节食吗？ 2. 您偏瘦了点，您知道太瘦会引起激素分泌不足不能维持正常月经周期吗？	因脂肪不足体重的22%，导致能量不够使雌激素分泌不足引发月经不调。	滋补精血，丰富食物，保证足够的脂肪和蛋白质，不可首目节食减肥。	调理两个周期就有明显的效果，但必须坚持半年以上或经愈后，每个经期后调理7～10天，以保青春活力。	桑椹膏+生姜含片（早晨）+黄芪颗粒+均衡营养。
更年期：卵巢功能衰退，致雌激素大大下降和肾气虚衰竭（天癸竭）	1. 冒昧问一句您的年龄和生过的年龄？小个小产次数多？几个小孩和小产过几次？ 2. 月经不调有多长时间？ 3. 有没有肌瘤或包块、囊肿？ 4. 有没有到医院做过卵巢B超和查过雌激素水平？	生小孩和小产次数多对身体精血耗损大，致使元气提前衰大，损和到一定年龄后元气衰损致使卵巢功能衰竭，雌激素大大下降而出现的经绝经等现象。	滋阴填肾精，生血养血，健脾助阳固肾气的同时和缓心态。	长期坚持调理，延缓绝经期和减少更年期不适症状，使您平稳过渡该阶段和延缓衰老，有效预防绝经后三高的到来和减缓骨质疏松和肌肉松弛无力等现象。	桑椹膏+补骨脂，金贵肾气丸、肾宝，黄芪+维生素B+利美敏，坤保丸、坤泰胶囊，已烯雌酚片助阳药据季节和体征表现不同而用药不同，如夏天都怕冷，助阳药用两次，冬天怕冷，助阳药用三次；没有复天怕冷，最好晨服一次量的半素药，或在医生指导下服用。

第四节　解除抗拒

1. 客户说"太贵了、忽悠人"怎么办?

我们在销售的过程当中，客户会有很多异议，如果销售不处理或顾左右而言他、置若罔闻或处理不恰当，都会导致成交失败。因此，在销售过程中，恰到好处的异议处理是必须的。

（1）异议处理要点

异议处理的要点有如下三招：

第一招：鼓励异议清障碍。就是把客户的异议进行归类，如关于价格的异议、关于质量的异议关于售后的异议等，每个类别都是一样的处理要点；比如客户说"我只听医生"的和医生处方里没有两种异议的处理要点差不多。

第二招：处理异议不纠缠。处理异议的时候要用简练的语言一针见血的回答，然后观察客户的反应，千万不可喋喋不休甚至再把药品介绍一遍。

第三招：处理异议适可止。处理异议的时候要点到为止，如果对方还是不依不饶我们就保持沉默，我们一沉默客户反而会冷静下来，认真考虑我们的话，这就是沉默的力量。

（2）典型异议心理分析及应对

客户的异议很多，最常见的就是关于价格的异议："太贵了（这么贵）！"其次还有关于效果以及打消顾虑的异议等。接下来就以客户最常见的几种异议做分析。

典型异议一："太贵了（这么贵）！"

客户心理：担心受骗；感觉价格不太能接受。

应对要点：第一，物超所值，给客户算账；第二，没有健康，一个人等于什么都没有，健康无价。

话术："这位先生（女士），您好。乍一听这个药好像有点贵，不过算下来一天就是二十多元，还不到一盒烟钱，用不到一盒烟钱的钱就能给您带来健康、快乐、幸福，绝对是值得的。另外，我们的产品能够疗效确切，这个请您放心，健康是无价的，没有健康等于什么都没有！您说是吧？"

点评："乍一听似乎有点贵……给您带来……是值得的"，是关于价格异议的典型处理句式。

典型异议二："你们就是忽悠人的！"

客户心理：担心受骗，是看到有人给他提供服务或推荐产品时的下意识反应。

应对要点：一是依靠客户证明数据等打消顾虑；二是鼓励客户要相信自己的判断。

话术："美女，我们企业在这个地方已经经营了15年，我们拥有十几万的会员，靠忽悠是经营不下去的，骗得了一时，骗不了一世，您说是吧！我相信您一定会有自己的判断的！"

点评：数据和客户证明能说明一切问题。

典型异议三："我只听医生的！"

客户心理：客户缺乏安全感；对于医生的天然的信任；

应对要点：一是听医生的话也没错；二是医院也在普遍使用；三是医生也不是万能的。

话术："大叔，您听医生的没错，医生也会建议您用我们的口服液的，事实上我们在临床上医生也在普遍使用，其实我想您也清楚，医生也不是万能的，部分医生只是针对他的专科相对更了解一点，医学每年都在进步，如果一个医生不学习、不进步，其实也有可能伤害到您，您说是吧？"

点评：有理有据有节。

典型异议四："有没有效果？"

客户心理：有顾虑，缺乏安全感和信任。

应对要点：疗效确切，医院也有开，卖得很好。

话术："帅哥，您放心，我们的产品疗效非常确切，现在临床上都在普遍使用，在我们这儿卖得非常好，我的家人也在吃，效果很好！"

点评：用肯定的语言，让客户放心。

能够恰到好处、一针见血地处理异议，是一个优秀销售必须具备的基本素质，有了这项能力，就能大幅度减少成交障碍，为进一步的成交打下很好的基础。

2. 解除抗拒的五大法则

法则一：仔细聆听。

不要急于解释，先仔细聆听客户的抗拒和抱怨；这样有两个好处：第一是准确判断客户的抗拒点，第二是你能够聆听，证明你尊重客户，客户也会感到舒服一些。

聆听的时候频频点头表示认同，这样客户抗拒的力量就会小一些。

法则二：先跟后带。

"我理解，我认同，我站到您的角度也是这样想的！"这些话术的表达证明你跟客户是一条战线的，既然是一条战线，接下来的事情就好商量了。

法则三：一语道破。

在解决抗拒的时候千万不要纠缠，一定要抓住要害点一语道破。

法则四：沉默是金。

不要反复说，不要喋喋不休，抓住要害后应简练地表达，然后保持沉默，让对方发牌，这个时候客户往往会就范。

法则五：适时跟进。

客户的抗拒解除之后，适时跟进下一步的成交动作，而不能犹犹豫豫，贻误战机。

示 例: **解除常见抗拒点**

业务员在OTC销售中的常见抗拒点与处理方法如表11所示。

表11　业务员的常见抗拒点与处理方法

抗拒点	处理要点
利润空间太小	1. 强调利润率不等于利润额； 2. 算账。
比同类产品贵	1. 高品质保障； 2. 利润高。
与自营产品冲突	1. 了解销量、销售政策、扣率、服用周期等，给对方算账； 2. 合作后可带动自营产品的销售。

续表

抗拒点	处理要点
霸王条款	1. 表现坚决不妥协、不合作的态度； 2. 算账； 3. 夸大不合作给对方的巨大损失。
不信任	1. 合作案例证明； 2. 公司发展历史； 3. 小组突击证明。

导购员在OTC门店销售中的常见抗拒点及处理办法如表12所示。

表12　业务员的常见抗拒点及处理办法

典型异议	话术要点
我没听说过	1. 您是大人物； 2. 疗效很确切； 3. ××地区销量名列前茅； 4. 专业媒体报道。
为什么让我用	1. 根本上改善； 2. 一定要选择。
有无副作用	1. 国药准字，纯天然萃取，无任何副作用； 2. 疗效确切是最重要的，好药的包装上才会标注不良反应，这是对客户负责。
有没有效果	1. 国药准字，疗效确切，回头客多； 2. 医院都有开； 3. 卖得非常好。
要是没有效果怎么办	1. 客户评价很高； 2. 医院都在开； 3. 规范用药，肯定有效果。
价格怎么这么贵	1. 算账，每天二三十元，不到一盒烟钱，就能带来健康、快乐、幸福； 2. 谈价值、健康无价：没有健康，什么都等于零。

续表

典型异议	话术要点
我今天没带钱	1. 顾虑还是认可？ 2. 重复产品好处； 3. 跟客户确认次日购买； 4. 可刷卡或送货上门。
我只听医生的	1. 没错，医生也是建议，但医生不是万能的，他只针对他的专科相对更了解一点； 2. 临床上普遍在用。
你们就是忽悠（骗人的）	1. 我们已经卖了15年，靠忽悠不可能忽悠这么长时间，骗子骗得了一时，骗不了一世。（微笑） 2. 您自己要有自己的判断。
会不会有依赖，成瘾	不会，但是必须按疗程服用才能调养过来。

本章要点回顾

●亲和力、信赖感是一个优秀销售必备的素质，也是销售高手和平庸销售根本的区别；

●学会客户辨识，让客户来一个成交一个。

●需求挖掘是一件技术活，一定要学会问话，因为"问对问题赚大钱"。

●四联话术是一个把复杂问题简单化且效果立竿见影的销售工具；

●抗拒不可怕，怕的是不会处理。

●处理好抗拒，马上就成交。

OTC

第三章

不仅是成交，还有高客单价

要实现高效成交，就要注重客户的有效跟踪。一开始跟客户建立起信任，水到渠成后，"临门一脚"才有机会促大单。

第一节　方法正确让成交率提升N倍

1. 学会几个沟通技巧，成交率最少提高一倍

在我们的培训实践中，话术培训是其中一项主要的内容，厂家在给销售人员提供的培训资料中，所谓的"一句话推荐"等是一项重点内容。但是，销售人员在销售过程中往往发现，该用的所谓"话术"也用了，但效果并不是很好，甚至有些根本没有任何效果！另外我们还发现，有些销售高手并没有按照话术与客户沟通，但效果也很好，这也是很多销售人员尤其是销售高手对所谓的"话术"培训不屑一顾的根本原因。

那么问题出在哪里，这其中的原因是什么呢？

在人与人的沟通中，能够影响到对方行为的因素中，38%靠语气、语调，55%靠肢体语言，文字内容只占到7%。也就是说，你说什么内容其

实不重要，你用什么语气语调和肢体语言表达出来才更最重要的。除此之外，情绪的运用也很关键。你跟客户沟通的时候是喜悦的还是焦虑的，是全神贯注还是顾左右而言他，都会很深刻地改变客户的购买行为。也就是说，如果你的成交率不高，销售人员一定要从语气语调和肢体语言入手，检查自己在这些方面有没有做到位，并加强自己在这些方面的沟通能力，坚持一段时间以后，就会发现客户更愿意跟你沟通，成交率也会发生显著变化。

第一，语气、语调、语速。

有些人与我们沟通的时候我们会感觉很舒服，很大程度是因为这个人"说话很好听"，这种"很好听"的语气语调很大程度上也是平时有意识地训练出来的。一个"说话很好听"的人，一生中无论工作还是生活，都会给自己带来很大的便利。

如果一个销售人员语气语调很到位的话，在跟客户的沟通的时候客户会不自觉地对其产生信赖，而信赖感和亲和力是成交最重要的前提条件。因此在日常的培训当中，在"话术"培训的同时，也一定要注意对OTC销售员语气、语调、语速的训练，这样培训才能有更好的效果。

（1）语气。语气要诚恳、亲切，让客户能体会到关爱；表达的内容要清楚，不能含混不清或顾左右而言他，让客户一头雾水，听不明白。

（2）语调。语调亲切柔和，不能生硬突兀，不能让客户有"被拒千里之外"的感觉。

（3）语速。有些销售人员失败就失败在抢客户的话，说话的速度过快。因为说话速度特别快的话，客户容易觉得有压迫感，而产生抗拒。因此，说话太快的销售人员一定要注意不要抢客户的话，让自己的语速慢下来，同时注意聆听客户在说什么，这样客户才能和你轻松自如地交流。

第二，肢体语言。

一定要用开放式的姿势，不能用防御、保守的姿势，抱胸、手指人、抖腿、手乱晃等都是沟通时候的大忌。

第三，情绪。

一个人的情绪有喜悦、焦虑、神秘、愤怒等情绪，其中，喜悦的微笑是非常重要的，在OTC销售时，还要善于运用神秘、愤怒等情绪促单。

比如喜悦的话术有："太好了！""太棒了！""见到你真高兴！"您的想法真不错！"等。

再如神秘的："今天我要告诉您一个非常重要的事情。""只有我才能解决你的问题。"等。

又如愤怒："你必须按照我给您说的治疗方案马上购买，要不然会很麻烦的！""俗话说'人在天堂，钱在银行'，有再多的钱，没有健康，有什么意义呢？"等。

在对OTC销售人员培训的同时，一定要多注意语气语调、情绪等沟通能力的培训。如果再与其他关于顾问式销售、产品技能、异议处理、成交技巧一起来培养和训练的话，效果会更加明显；同时，管理干部要在每日的销售中注意及时纠正销售人员的不当沟通行为，才能取得事半功倍的效果。

2. 成交，从见到客户的那一刻开始

成交，绝不仅仅是在客户出现成交信号后的"临门一脚"，它贯穿销售的全过程，从在我们见到客户的那一刻起，无时不是为最后的成交做铺

垫。如果我们一开始的工作没做好，成交将无从谈起，如果我们在销售过程中出现纰漏，成交也会成为镜中花、水中月。因此，我们在做销售的时候，不要迷恋技巧，也不要贪多求快，一定要基于客户的实际需求来获取客户的信任、满足客户的需求、从而达成最后的成交。

第二节 站到客户利益角度去成交

1. "临门一脚"促大单，除了买赠还有什么

销售有几项技能很重要，第一是探询客户真实的和潜在需求（60%的销售都不会或做不到），第二是使用针对性的联合用药方案（80%的销售员对此不熟悉），第三就是成交环节促大单，客单价上不去，高毛利的产品销售比重低，销售业绩整体就会下降。如果一家药店中这样的销售员广泛存在的话，无疑会给企业带来巨大的资源浪费，因此，作为运营来讲，对销售员提升客单价的专项训练必不可少。

然而在现实销售当中，能够娴熟促大单的销售员并不多，偶尔有一个大单，更多的是依靠活动、依靠公司的政策和资源投入，好像除了买赠就不会卖产品，这类销售员典型的话术是这样的："您就多买一个疗程吧，我们今天有优惠、有活动……"即使这样，我们还是经常看到客户摇摇

头，闪了！

临门一脚促大单，除了买赠，您还会点什么啊？

真正的销售高手绝不依赖活动，他们是依靠自己对客户需求和痛点的把控，娴熟地运用联合用药方案（问话+病因+治疗方向+效果四联话术）以及高效的成交技巧来促大单的。

这种能力，要是好好学，你也会！下面就先介绍几招。

第一，选择成交法。

选择成交法适合在客户已经动了心，但就是不下决心购买的情况下使用，销售须及时抓住这个信号，提出成交请求。有些销售到了这个时候就是不敢促单，导致成交机会白白流失。要知道，成交的内核就是克服恐惧，敢于要求，好的销售员一定要在恰当的时机提出成交请求。

选择成交法促单的技巧是给客户两项选择，无论选择哪样都必须购买。这个时候绝对不能说"您再考虑一下吧"或者"您今天买不买"的话。

请看下面的四个示例和点评：

1. "该产品能从根上解决您的问题，您是要健康还是要钱呢？身体都病怏怏的，拿钱还有什么用？不如现在就把钱投在健康上，身体好了才能挣更多的钱，您看您今天是拿两个疗程还是拿一个月的？"

点评：直击痛点，给出不容置疑的二选一方案。

2. "该产品能从根上解决您的问题，看上去是有点贵，我们常说'人在，钱就在'，身体好了什么都有了，家庭和睦了，钱也多了，身心也愉悦了，这多好！干脆点儿，对您身体负责任，今天拿两个疗程算了，我去帮您处理。"

点评："看上去有点贵，我们常说……"，这才是销售高手应有的话术，而不是靠打折或买赠！

3. "该产品能从根本上解决您的问题，今天投入一点点，换得您更好的未来，您要今天不处理，严重的话还要到医院，万一感染更多疾病，到时候受的罪更多、花的钱更多，给家里带来的麻烦更多，您不如今天对健康负责，早一天开始投入，少受罪、身体好才能多挣钱，说不定您将来还要买鲜花来感谢我呢，别犹豫了，今天拿两个疗程算了，我去帮您处理。"

点评：我们一直说找痛点，找需求，话术这么深入浅出地讲，效果才更好！

4. "该产品能从根本上解决您的问题，您现在是吃饭来挣钱，您的病要是严重的话，儿女又不能天天陪着您，久病床前无孝子，您多亏啊！儿女们的生活压力也很大，您也不想给他们增加麻烦吧，您要把身体调养好，您吃饭、吃补品就是在挣钱，自己也少受罪，您看您是刷卡还是付现金，来来来我帮您处理，拿两三个疗程吧！"

点评：连"久病床前无孝子"都用上了，稳准狠，不得不佩服！

第二，利益成交法。

利益成交法是客户服用后的好处描述，描述的话术一定要具体，要让客户怦然心动。

请看下面的两个示例和点评：

1. "美女，我们的产品一定能让您充满青春活力，让您更健康、更安全，因此您一定不要错过这个机会，今天一定要选它，不选您一定会后悔一辈子，说不定你还要花冤枉钱，身体还遭罪。"

点评："您一定要选，否则……"，这个句式的目的就是不让对方有犹豫的机会。

2."这位先生，看得出来您对我们这个产品还是很满意的，您买这个礼盒，您太太一定会非常开心，花不了多少钱，服用后你们的家庭生活会更幸福、更美满，您太太会更爱您，您看是拿两盒还是三盒呢？"

点评："太太开心，幸福美满"是心理暗示，能直击客户内心！

第三，案例成交法。

真实案例描述加上现身说法，说服力更加强大。这招可以在对方就是不肯下大单的情况下使用。

请看下面的两个示例和点评：

1."先生，您看我们这个产品，我朋友、父母包括我自己都在用，我前段时间跟您的身体状况差不多，服用了三天后状况得到了良好的改善，工作效率提高了，现在我都是我们店的标兵了。您看您今天拿两个疗程还是三个疗程，我马上帮您处理。"

点评："工作效率提高了，成标兵了……"都是强大的暗示性语言。

2."大姐，您看我们的××产品，省医院的专家和教授都有长期服用，并且都给予了很高的评价，还给我介绍了好多客户来，您就别再犹豫了，先拿两三个疗程吧！"

点评：专家都在用，您还在等什么呢？

第四，假定成交法。

假定已成交，假定很美好，按照对方已购买的情况来讲，让客户体验弄好。

请看下面的两个示例和点评：

1. "姐，您真是慧眼识珠，我们这个产品一个疗程就能收到显著的效果，您刚才看到的客户就是我们的回头客，他刚拿了三个疗程，根据您的情况建议您也拿三个疗程回去，您一定不会后悔的，我们也不是江湖游医，我们药店天天开在这里，我也不会跑，您肯定还会来感谢我的，您放心！"

点评：假定成交以后还要打消客户的疑虑，注意话术要有始有终，要能自圆其说。

2. "美女姐姐，您今天拿回去就开始服用，保证三天后您的睡眠质量就能得到良好改善，气色好了，脸色红润了，在职场更受欢迎了，说不定马上就升职了。别犹豫了，今天先拿两个疗程，我电话给您，有问题您给我打电话。"

点评："气色好了，脸色红润了，在职场更受欢迎了，说不定马上升职了……"，这才是有力量的语言！

以上是几个典型的临门一脚促大单的方法，除此之外，我们还有宠物成交法、最后机会成交法及哀兵成交法等，大家要在实践当中以小见大，仔细揣摩客户的心理并设计成交话术，这样才能把客单价不断提升，相信你自己：你就是那个大家羡慕的OTC销售员！

2. 提高成交率和客单价的"最狠一招"

提升OTC销售业绩的两个关键要素，一个是成交笔数，一个是客单价，每天的成交笔数乘以平均客单价就是当天的销售额，作为管理干部和销售人员来讲，做好每一天的销售额，完成每天的业绩指标是非常重要的，因为你只有做好每天的销售额，才能做好每周、每月的销售，才能完成每个阶段的销售任务。而在完成每日销售任务上面，菜鸟销售和销售高手的差异巨大，一个销售高手的客单价可能是一个菜鸟销售好几天的销售额，一个销售高手的成交率也可能是菜鸟销售的好几倍。

显而易见，对于销售来讲，提升每个销售人员每天的成交率水平和平均客单价非常重要，这样才能确保企业的总体销售业绩不断提升。那么，如何提升成交率和客单价呢？

必须明确的是，提高成交率和客单价水平最终要靠销售员良好的素养、娴熟的销售技能和对药品组合、联合用药的掌握程度，这需要每个管理干部及销售人员认真学习和演练，并在实战当中不断提升，需要企业培训体系的有效推进和每个人持续不断的努力。在这个基础上，提高成交率和客单价有没有更好、更简便的方法呢？那些成交率和客单价高的销售人员有没有一些共同的特质呢？

"菜鸟销售"的典型表现和话术：销售时低头，不注视客户的眼睛甚至眼神游离，跟客户没有眼神交流；面部表情僵硬，没有自信、自然的微笑，肢体语言不自然，手势僵硬甚至不知所措；声音小，语气不肯定；典型话术是"您可能是……您要不试试……要不您买点吧……"等。

点评：这类型的销售人员缺乏自信甚至有心理障碍，对销售和成交充满了恐惧，不敢给客户提要求，甚至觉得如果让客户多买的话担心客户花钱太多而遭到拒绝导致成交失败。其实这种心理是最要不得的，一定要坚信自己给到客户的方案是最好的方案，并且一定要按照客户能够接受的最大客单价给客户提出成交请求。换句话讲，如果一个菜鸟始终突破不了这个障碍，那他就不具备什么培养价值。

销售高手的典型表现和话术：面带自然、得体的微笑，跟客户有眼神的交流；语速适中，语气诚恳，声音肯定而自信。典型话术是"根据您的表现，您必须……这样您的症状才能得到根本的缓解！"等。

点评：自信、肢体语言得体恰当并且面带微笑，尤其是不容置疑的肯定的话术是这类销售的特质。因此，一个优秀的销售人员最基本也是最重要的素质是非常的自信，她们（他们）善于跟客户沟通，找出客户需求，然后能够给客户正确的解决方案并且敢于提出成交的请求，这是成交和客单价的提升的关键要素！如果说只有一种方法能让一个销售人员快速提升成交率和客单价水平，那这种方法就是一定要自信、要肯定，要克服恐惧、敢于要求！

每一个销售都要牢牢记住：成交的内核就是"克服恐惧、敢于要求"，这是提高成交率和客单价最狠的一招！无论你是刚入职不久还是经历过多年的实战历练，一定要在每天的销售中时刻提醒自己要自信，一定要克服恐惧敢于给客户提要求，这是一个卓越销售的必备素质，也是在每一天工作的当下提升成交率和客单价的最有效方式。

"克服恐惧，敢于要求"，您记住了吗？

本章要点回顾

● 成交时必须注意语气语调语速和肢体语言的运用；

● 成交从见到客户的一霎那就开始了；

● 成交的内核是克服恐惧、敢于要求；

● 优秀的销售善于运用各种不同的成交方法促进成交。

OTC

第四章

训练"战无不胜"团队

　　企业的营销模式、策略和关键动作能够"落地"的关键动作就是行之有效的训练，就是要在企业内部植入销售训练体系，销售训练体系的关键不是简单的"培"，而是"训"，"训"要依托科学的训练体系来支撑。

第一节 "训"之有道

1. 销售人员为什么抗拒你的培训

管理者深知培训对于管理干部及销售人员的重要作用，大多对培训都比较重视，在培训上也不遗余力地进行安排，因此会投入资源培养培训人才并且外聘老师组织各种形式的培训，但培训做了一年又一年，大家却往往会发现培训搞了不少，效果却微乎其微。问题出在哪里呢？

第一，培训本身存在问题。

培训普遍存在如下几个方面的现象：

一是不能有效增长业绩。花了不少资源进行培训，也费尽心思地营造培训氛围，但培训过后除了给大家增加点新名词外，业绩一点没有增长！

二是员工抗拒，不想参加。企业成立了专门的培训部门，要求强化培训，却发现培训的时候大家找种种借口不来，管理层一着急就强化管理手段，不来培训就扣钱！但接下来出现的情况是扣钱也不来。

三是上行不能下效，剃头挑子一头热。老板赤膊上阵，亲自督战做培训，对管理干部大会小会上提要求，也加上了种种考核手段，发现还是没效果。

四是三分钟热度。期望依托培训提升士气、增强凝聚力的愿望总是实现不了，培训结束后三分钟热度，之后一切如故。

第二，培训没效果的原因。

主要问题有如下几个方面：

一是培训师对销售一窍不通。这一点在培训当中非常常见，由于培训师一点都不懂销售，也不了解销售的相关知识和技能，那他就不知道销售人员的实际需求是什么，不能将所讲授的产品知识、企业文化等内容转化成提升业绩所需要的实战技能。另外，由于培训师不懂销售，那他主要是站在自己的角度上来灌输和讲解，他所讲的不是销售人员所需要的，因此遭到抗拒就不难理解了，在这一点上，管理者一定要从自身找原因，而不能想当然地觉得是员工不求上进。

二是期望借助一次或几次培训解决所有的问题。很多管理者把培训孤立起来，期望一次或几次培训就能一劳永逸地解决所有的问题，这真是一种一厢情愿的想法，因为在企业发展的过程中总会出现这样那样的问题，每一次培训要达到的目标不一样，因此，培训一定是一个持续的一个过程，要改变大家的价值观和信念，提升战斗力，只有一个办法，那就是：持续培训，把培训做成企业的核心竞争力。

三是培训前没有调研和规划，培训后没有进行跟踪和销售竞赛。要将培训做成核心竞争力，企业就一定要有整体和阶段性的培训规划，并在每一次培训后马上进行每日销售跟踪和销售竞赛，才能真正将培训落地。

第三，采取正确的培训方法。

一是不要培训，要实战训练。对于基层销售人员来讲，简单的宣讲用处不大，只有通过训练将知识转化成实战所需要的技能才有用，因此，一定要建立针对基层员工反复实战训练的机制。在实战训练中，一定要着眼于帮助员工解决业绩提升的关键点进行训练，这样通过训练能够实实在在地帮助员工提升业绩，业绩提升代表收入增长，这种基于销售人员实际需求的训练才是员工所需要的，只有能解决实际问题的培训他们才愿意参加，且不需要考核、不需要扣钱，完全成为员工的自觉行动。

二是训后激励、销售竞赛及每日跟踪来实现不断的业绩增长。训中训练一定要跟训后的业绩增长结合起来，每次大型培训之后要制定相应的业绩增长目标并分解到每个企业和每个人头上且进行每日跟踪，对做得好的阶段性地给予公众奖励，这样就会实现业绩的不断增长。

三是员工核心价值观教育（给员工大脑中装一套"程序"）。培训是给团队进行企业文化、员工核心价值观教育的非常好的时机，每次培训都要看作是给团队装入企业所需要的程序的大好机会，当然，能够按照企业意志做事的员工也能在企业这个平台上获得回报。

四是建立持续训练的训练机制。培训不能想起来做一下，想不起来就不做了，一定要建立培训师队伍和训练体系，形成持续训练的训练机制，这样才能保障企业持续稳定发展。

2. 训练场景的设置和方法

（1）设置训练场景

表13　常见的训练场景

训练场景	要点	效果
分组训练	8～16人一组，组长控制。	便于集体研讨、个人展示和点评。
一对一	两两对练，互为点评。	熟悉技能的关键点。
分组一对多	两两对练，对人点评。	取长补短，掌握每项技能的要点。
集体一对多	两两对练，集体点评。	让每个人对每项技能的要点达到深刻认知。

（2）场景训练方法

表14　场景训练方法

训练方法	要点	效果
情景训练法	还原实战的训练方法。	身临其境，快速领悟。
迭代训练法	渐次重复深入的方法。	将知识转变为技能的重要手段和方法。
比较训练法	通过比较产生认知的方法。	快速体会到什么是正确、什么是错误，实现正确引导。
标杆训练法	通过树立标杆来引导到正确的轨道。	所有人向标杆看齐，有利于快速掌握相关技能。
多米诺训练法	通过训练组合，产品类似多米诺骨牌的效应。	实现从1～1000的快速复制。

第二节 训练"中国好销售"

1. 从"菜鸟"到销售高手只需五步

在日常销售中，管理者、管理干部最头痛的是总有极少数人表现得特别优异，大多数人业绩平平。在这种情况下，如果有一个方法能够让销售高手的能力复制给其他的人，让"菜鸟"瞬间变高手，那么团队的整体能力就会大幅度增强，销售业绩将会大幅度提升。有没有这种方法呢？大多数企业能想到的方法是培训、分享，但我们总是悲哀地发现：培训、分享完了之后你会发现，该不会的还不会，效果甚微。

那么，如何实现销售高手的能力复制，让"菜鸟"变高手呢？有一个非常好的工具，就是"销售高手打造五步法"，其核心是一对一、一对多的集体演练。这种方式经过五个大步骤来实现，具体操作如下：

第一步，确定关键技能、编教材。

把关键技能、销售套路、动作及话术按照一定逻辑结构编成教材，编教材的时候一定要让销售高手参与，通过编教材这个动作，把他们的能力提炼出来，绝对不能闭门造车，这一点非常重要！

第二步，集中训练。

把大家召集起来训练，在训练中要分组，每组里都有若干销售高手，让销售高手与"菜鸟"分到一个组里，在训练当中，训练负责人要充分采用启发、诱导、展示的手法，让销售高手多展示，以让其他"菜鸟"产生"原来如此"的效果。

注意：在训练当中，培训负责人一定不要讲得太多，以练为主，以讲为辅！

第三步，分组一对多训练。

分组一对多训练，就是其中一个学员做销售，其他人做客户，进行实战模拟演练，一个学员展示完之后其他人做点评，点评完毕换下一个学员做销售来模拟演练。

注意：分组一对多一定要按照这个逻辑结构，严格按照实战演练的方式进行，绝对不能变成讨论和聊天。

第四步，集体一对多训练。

抽选学员分别做销售和客户给大家集体做展示，然后学员点评、教练点评。

注意：一定要还原于实战来展示，点评要注意一针见血。

第五步，迭代训练，个人展示。

分组一对多、集体一对多反复训练，直到抽取任何一个人包括"菜鸟"上台时都能够相对比较娴熟地做展示。

要让"菜鸟"变高手，注意一定不要说教，不要只是培训，一定要遵循"我说你听，我做你看，你说我听，你做我看"的训练程序来展开，重复训练，直到掌握相应的能力。

2. 让你变得很重要并很快升职的几大习惯

销售人员作为一个基层的销售岗位，人数众多，如果想要很快脱颖而出、受到重用的话貌似竞争激烈，好像是一个不太可能完成的任务。

表现好的一个硬性指标就是销售业绩，如果你的销售业绩很差，而且长时间没有什么起色，那很有可能这个岗位不适合你，如果销售业绩尚佳，那你就需要注意一些素质和细节的打造，让自己显得与众不同，从而得到上级的关注和重视。

需要特别提醒注意的是这些素质和细节的打造不是投机取巧，也不是投其所好，更不是只会拍马屁，而是需要自己踏踏实实地努力，这样才会让你的上级及大家都能够心悦诚服。

让普通员工变得重要，需要重点打造的素质包含如下几个方面：

第一，热爱学习。

很多销售人员从学校出来之后从来不读书学习，企业里组织的培训也不积极参加，每天就想着下班以后去哪里玩，这样的销售人员永远不会有什么长进。

一个销售人员想要让自己不断进步、让自己能力优于其他人，一定要热爱并善于学习。学习的内容包括自己从事职业的相关知识和技能及为人处事的技巧，学习的内容可以包含其他自己所感兴趣的领域，长此以往，坚持学习，你的能力和基本素质会明显比别人高出一大截，形象也更易被别人接受，而且你的谈吐、观点的可行性也会比较强，这样经过会议和几次碰面，上级就一定会注意到你。

第二，谦恭有礼。

人性弱点中很明显的一点是总有人认为自己很了不起，看不上其他人。因此很多销售人员对上级往往很看不上眼，甚至觉得他们也不过如此，这样的心态大不可取，不但不利于自己的进步，也会招致别人的反感。

一定要注意多看别人的优点，不看对方的缺点，要知道一个人之所以能当管理干部能当经理一定有他的道理，人家身上一定有我们需要学习的地方，因此为人一定不可以有傲慢的习气，那样只会让大家及你的上级远离你，并失去他们的支持和帮助。

一个销售人员对待同事、管理干部和领导时，要戒除傲慢的习气，面带微笑、谦恭有礼，注意站有站相、坐有坐相。但过犹不及，注意切不可太造作，因为那样显得假，也会招致人的反感，一定要注意恰如其分。同时一定要注意细节的打造，比如坐下的时候腿不要抖、跟人沟通的时候不要看手机等。

第三，有始有终。

我们在日常工作甚至生活中会发现，有些人做事有始无终，如果答应上级的事情在约定的时间内没有答复和反馈，会陡增上级对你的反感并会对你产生不信任。

销售人员切记，凡事一定要有始有终，答应的事情无论做到什么程度，一定要有回复，否则对方一直在等你的回复你却忘到了九霄云外，这样做事会让你的上级感觉很不舒服，同时也会觉得你难当大任。

第四，承担责任。

很多基层员工甚至包括一些基础管理干部的做事风格是，遇到功劳是自己的，遇到过错需要承担的时候推给别人，也就是好事都是自己的，坏事都是别人干的。这样的人带团队，也会把责任推给下属而难以服众，长此以往只会让团队成为一盘散沙。

因此，一个销售人员一定要勇于承担责任，有功劳是大家努力的结果，有责任是自己的，这样的话领导会认为你有责任心，在提拔的时候也会首先想到你。

第五，拿出解决办法谈问题。

任何一个企业和组织都会存在问题，有了问题不要冷眼旁观，不可事不关己高高挂起，也不要冷嘲热讽说三道四。团队出现了问题、门店出现了问题或自己遇到问题，要在第一时间站到自己的角度提出解决方案，并向相关上级反馈。

不要动不到就跑到上级或领导那里说这也不行那也不行，然后问上级怎么办，其实很多时候他们也不知道怎么办。一定要拿着解决方案跟上级谈问题，而且最好拿出两个以上的解决方案跟上级谈。

不过一定要注意提建议的方式，要注意场合，态度要谦逊，自己的建议被采纳也不可四处炫耀，要夸赞上级的聪慧和正确。

第六，团队意识。

一个销售人员必须有大局意识，能够团结他人，切不可单打独斗不合群，不可拉帮结派不团结，更不可挑拨离间挑起事端，一定要有团队意识，这样的员工在领导眼里才是可以培养的员工。

第七，帮助他人。

当同事有困难的时候愿意伸出援助的手，你的爱心和善意会感动大家，也会得到大家的认可，有朝一日你受到重用时大家也会心悦诚服地配合你的工作。

第八，发挥所长。

如果你有长处，无论是写作也好、唱歌也好抑或其他什么爱好，只要是正当的爱好，就不妨找机会大大方方地展示出来，这会显示出你的与众不同之处，也会给上级和领导留下深刻的印象。差异化的表现是很重要的，就像产品一样，这很有可能是你最大的"卖点"。

如果你是一个追求上进的销售人员，如果你想受到领导的重视和重用，其实不难，做好以上八点就可以，一段时间后你就会发现，支持你的人越来越多，你也越来越受欢迎，上级对你也会赞赏有加，很快就会达到目标了。

记住，一定要从现在开始做！

3. 必须坚决淘汰的几类销售

业绩提升有很多的要素，其中销售人员是否合格、是否真正能达成销售是一个关键要素，而在实践当中，很多销售每天都在自觉不自觉地浪费资源、得罪客户，作为负责人来讲，一定要警惕如下几类销售人员，如果经教育仍然无效就只能坚决将其淘汰。

第一，张口就得罪客户者。

有一类销售人员做事的出发点就是以自己为中心，也不太会说话，一张口就得罪人。对这种OTC销售人员应以教育为主，但经过反复教育后仍然不能改正自己做法的，就只能淘汰。

第二，对药品及专业知识一知半解甚至一窍不通者。

在现实当中有一类OTC销售人员，在公司工作多年，但你问他产品一问三不知。他们之所以有销售业绩，更多的是靠牺牲公司利益、透支公司资源来获取，也就是说如果公司政策力度没有明显优势的话，这样的销售员往往只会回到公司抱怨、要政策，而在客户层面则表现得束手无策。

一个销售人员对自己公司的产品不了解、一窍不通，那么这样的销售人员不要也罢。因为只有对热爱公司产品、能够对产品技能烂熟于心的销售人员，才能在任何客户面前、在任何情况下卖出产品。

第三，推卸责任者。

有功劳全是自己的，有过错就是公司或上级的，这样的销售人员不要也罢。

第四，牢骚满腹、满口抱怨者。

还有一类销售是负面情绪的传播者，听风就是雨，牢骚满腹、满口抱怨，这样的OTC销售人员发现一次严厉批评，发现两次通报警告，三次就直接开除。

第三节　做一个让大家追随乃至崇拜的管理干部

1. 为什么对他好，他却"怨声载道"

经常能听到OTC店的管理干部抱怨说："我对他们很好，很关心他们的生活，经常和他们谈心，但为什么他们还对我不满意甚至怨声载道呢？这到底是我的问题还是销售人员的问题？"

在管理实践中，如果大多数人都很拥护你，只有极个别的销售人员有抱怨，那可能是这个销售人员的问题；但如果大多数都对你有意见，那一定是你的问题！一旦出现这种情况，有些管理干部可能会把责任推给企业，说企业的考核和绩效设计机制出现了问题，给销售人员的工资少是导致销售人员怨声载道的原因。

其实，这种理由根本站不住脚，因为除了钱之外一个人有比钱更为重要的需求，只要工资水平在行业内保持正常就不是公司的问题，作为一个合格的管理干部，必须关注一个人对鼓励和赞美、重要性、成长、爱与被爱等方面的需求有没有被满足，如果没有做到的话，就要从这些地方找突破点。很多时候不是钱的问题，不要以此为借口！

你对销售人员好，但大家却不满意甚至怨声载道，不外乎出现了如下几个方面的问题：

（1）自己无能

能够带兵打仗的军事管理干部一定自己能征善战，如果自己缺乏只会千军万马的能力只会让下面的人看不起。同理，一个管理干部如果只会表示对员工的关爱但自己销售和管理能力很差，那么得不到销售人员的尊重就一点不奇怪了！

（2）爱摆架子

有些管理干部因为自己是管理人员就有傲慢的心态，与人沟通时喜欢居高临下，无论是在工作中和生活中都爱摆架子，这样的管理干部只会让人敬而远之。

（3）自以为是

如果一个管理干部总是先入为主，自己觉得自己永远正确，不愿意倾听销售人员的声音，总是自以为是地说和安排工作，不能忍受任何批评和建议，这样的管理干部被销售人员嗤之以鼻就在意料之中了！

（4）心胸狭窄

有些管理干部心胸狭窄，嫉妒心强，见不得下属任何一个方面比自己强，甚至给下属使绊子以阻碍下属的发展。这样的管理干部带领团队不是销售人员抱怨不抱怨的问题了，必须尽快换掉。

（5）缺乏成长

一个管理干部如果没有能力教育和培训员工，不能在日常销售中给予销售人员有效的指导，不能带着员工一起成长，长此以往，就会让销售人员看不到希望而心生抱怨。

（6）没有信心

一个团队一定是积极向上、充满正能量的，那些负面的言论和行为就像电脑病毒一样必须尽快清除，否则这些负面的情绪会影响到团队的信念和信心。因此，管理干部一定是积极的、向上的，能够克服困难的，这样团队跟着你才有信心。

（7）吝啬赞美

永远不要吝啬对下属的鼓励和恰当的赞美。你赞美敌人，敌人成为朋友；鼓励朋友，朋友成为手足。被鼓励、被赞美、被认同是一个人的根本需求，不要忽略销售人员信心的打造。

总之，一个管理干部要想让下属不再抱怨，想让下属发自内心地尊敬和拥护，自己的胸量一定要大，既要具备娴熟的销售和管理能力，又平易近人不自以为是，并且能够不断在团队中输入正能量，建立团队的信念，带着团队一起成长，同时永远不要吝啬自己的鼓励和赞美。这样的管理干部才能够带出一支能征善战的销售团队，下属成长起来了，有了更合适的人做管理干部。这个时候，恭喜你，你该升职了！

2. 不会做销售的管理干部不是好干部

管理干部要不要做销售？这是个问题！有的观点认为，管理干部就是管理职位，只需要做好管理、指挥大家完成任务就可以了，至于做没做过销售、会不会做销售一点不重要！

这种观点会让一些没有能力，只会指手画脚的人上位，有功劳是自己的，有过错推给大家，会直接导致团队人心涣散！

有的观点认为，管理干部是协调岗位，只需要跟上下级搞好关系就可以了，人际交往能力强的人才有资格当管理干部，因此，主要提拔那些 "会来事" 的担任管理干部。

这种观点会让一些逢迎拍马、欺上瞒下的人出位，这些人担任管理干部后容易只追求表面工作，务虚不务实，如果碰巧占的 "码头" 不错，则得意洋洋，贪天之功据为己有，如 "码头" 在自己的管理下业绩不佳，则拍拍屁股一走了之。

有的观点认为，管理干部必须是 "销冠"，只有做到销售业绩第一的人才有资格当管理干部，因此只有销售高手会得到提拔。

有这种观点的人只会闷头干活，自己销售业绩很好，但不会带领大家完成任务，他的能力也得不到复制和传承，导致各自为战，管理一塌糊涂。

显然，以上三种观点都是以偏概全，都应该摒弃。那么，什么样的OTC管理干部才是好的OTC管理干部呢？下面针对这方面的问题做一解答。

问题一：管理干部要不要会做销售？

答：一个合格的管理干部虽然不一定必须是销售冠军，但他必须得有若干年做销售做销售人员的经历，一定会做销售并且业绩还可以，这样在管理干部的职位上才可以服众，才可以带领大家完成任务。同时，管理干部不是甩手掌柜，管理干部头上也必须扛着销售指标和任务，必须要现场售卖和销售示范，要和大家一起完成销售任务。因此，管理干部绝对不可以不会做销售，如果一个管理干部不会做销售，不能完成销售任务，那么请他立刻下课！

问题二：管理干部要不要会做管理？

答：当然！一个合格的管理干部一定具备管理能力，一定要具备目标计划管理能力，对销售目标和关键动作非常敏感，能够监督、跟踪、检核到每一个人，并且具备发现异常即时处理的能力。

问题三：管理干部不需要协调能力强？

答：人际交往、协调能力是一个合格管理干部的必备素质，这样的管理干部工作效率才高，才能始终让领导放心，下属喜欢。因此，一个合格的管理干部不仅仅要具备目标计划管理能力，能够有效地采取各种激励手段，带领大家完成任务；同时自己一定要会做销售，必须和大家一起完成销售任务，这样才能够服众；更为重要的是，因为你会做销售，你就知道什么是对的，什么是错的，什么是应该坚持和弘扬的，什么是大家必须掌握的，那样，你就能够有效地指导给大家应该怎么做、具体的标准是什么，在实战中就能够把实战当中好的策略和动作提炼出来复制到团队当中；最后，一个合格的管理干部还应当是协调能力强的，能够有效地为自己申请资源，能够把事情处理好，这也是一个优秀管理干部应该具备的能力。

3. 复制销售高手的五大方法

管理干部有一项非常重要的职能就是带领团队共同进步，让每个成员在你的带领下都能够成长，大家成长起来之后，你的业绩也会得到快速提升，不仅下级感谢你，而且你会在企业层面获得认可和更高的关注，这样就有机会为企业实现更大的价值，做出更大的贡献。但是在现实情况中，很多OTC药企管理干部是自己很能干，冲锋陷阵都没有问题，但就是自己的能力提不上来。

由此可见，一家公司如果不能建立复制销售高手的机制，那做起市场来一定很累。这样的发展对我们来说绝对不是一种良性的状态。

经过长期实践，我总结出对于OTC管理干部来讲操作起来比较简便的五大方法，OTC管理干部按照如下方法带大家来做，一定会产生非常好的效果，不妨一试！

管理干部在会议（早会、周例会、月例会）中穿插一个分享和演练环节，除了让做得好的同事做公众分享之外，对于重点技能要把要点列出来，进行一对一演练，一对一演练就是让团队成员互为销售和客户，来进行实战演练并互相点评。这种演练最大的好处就是马上让大家进入实战状况并意识到自己的不足，然后有意识地加以调整。

（1）一对多宣讲法

让做得好的销售现身说法，给大家讲自己是怎么做的，这种方法很多公司都在用，但关键在于讲完以后让大家提问题、说感想，最后管理干部还要有针对性地做点评，并对接下来大家应该怎么做提要求。接下来让大家一对一做公众演练然后点评。坚持这种方式，那些销售高手做得好的地方会让其他人有所感悟和掌握，复制就有了基础。

（2）总结提炼法

把销售高手做得好的经验进行总结提炼，并将提炼后形成标准化的销售技能督促每一个人按照标准化的操作程序来操作。这样"从1至1000"就有了一个非常好的标杆。

（3）实践提升法

销售高手的复制一定要从实战当中来，再到实战当中去，随着市场环境和竞争的变化不断精进。从实践当中提升、迭代地进行一对一和一对多训练是很好的方法。

（4）标兵表彰法

对阶段性做得好的大张旗鼓地表彰会激发每一个人的积极性。让大家涌现出期望和期待，从而让大家向做得好的看齐。

总之，一家药企或连锁药店只有掌握了上述方法，通过复制，建立起"从1至1000"的销售训练体系，才能真正形成自己的核心竞争力，才会在竞争中立于不败之地。

4. 不花钱让下属铁了心跟随的几招

人性不是只看重钱，人生中有比钱更为重要的东西，如认同、重要性、渴望自由、学习进步的需求等，要善于利用这些需求杠杆让自己成为那个员工心目中最重要的人。如下几招很实用，这样做的话，一定能让下属铁了心地跟你。

（1）当着公众的面赞美与表彰

每个人都希望得到认同和赞美，管理干部利用好这个杠杆往往会收到奇效，会让下属产生出"士为知己者死"的豪情，从而工作劲头十足而且不提什么过分的要求。

因此，管理干部在例会、日常工作当中要善于抓住机会发现下属的优点并当众赞美和认同，尤其是在一些关键节点比如年会上要大力表彰那些做得好的人员。这样除了受表彰人员倍受鼓舞以外，对其他人也是树立榜样，榜样的力量是无穷的。

（2）私下关爱与沟通

管理干部在私底下要关心下属的生活，关心下属的感情状况，为下属日常生活当中遇到的问题支招，有些事情甚至要付诸行动，这样的关爱会让下属很感动，感动之余就是不能给上级丢脸，要努力工作。

（3）写感谢信

逢年过节的时候给下属写封情真意切的感谢信，有必要的话同时给其家人同时写感谢信。感谢他们让你拥有如此优秀的下属，下属知道这些事情以后不好好工作都很难。

（4）邀请下属家人聚餐、参加活动

邀请优秀下属的家人聚餐、参加活动什么的，会快速地增加与下属的感情，增强凝聚力，公司和管理干部也会得到家人的高度认同，从而督促下属更努力地工作。

（5）施以恩惠

生病了给拿点药，类似这种点滴的关爱会让下属有刻骨铭心的感动。

（6）组织聚餐、KTV，联络情感

不定期带领下属聚餐和KTV，在聚餐的时候宣告重要工作和对大家的期望，会让大家拧成一股绳，形成强大的凝聚力。

（7）关键时刻解决实际困难

在下属有难的时候要挺身而出，尽自己和公司的力量来帮助他，下属就会加倍工作来作报答。

5. 这样开会，大家会拼命工作

我们常常能看到这样的管理干部：他是企业中最忙的人，什么事情都要做，号称"要起到模范带头作用"。其结果是，事无巨细、累得半死，可销售人员还不感恩，牢骚抱怨一大堆。

为什么会出现这种情况？有没有一种方法能让自己和大家一起努力工作、完成任务？有！那就是会议的有效组织和开展。

在日常管理当中，会议是非常重要的，通过会议解决问题部署任务，同时激励大家好好工作，有利于更好地完成销售任务。有效地组织一场会议是非常重要的，会议开不好，管理干部累死、员工依然不动；会议开得好，管理干部省心，大家拼命工作！

管理干部开会，要避免如下几种不恰当的方式：

一是"打鸡血"式。动不动就是"家人们，你们辛苦了""你是最棒的""我们无所不能"等，这样的"打鸡血"偶尔为之还好，但把这些作为开会的主要内容就很不恰当了。

二是指责、谩骂式。会议上来一顿逐一批评、指责和谩骂，搞得大家战战兢兢、无所适从，这样做的结果只能是跟大家离心离德，军心涣散，溃不成军。

三是安排部署式。即逐一安排工作，你这样这样做，他这样这样做……安排完毕散会。这种方式看起来貌似没有什么问题，很多管理干部还以此为荣,这种方式最大的问题是销售人员会想:那是你认为的,不是我认为正确的方式。管理干部一定要明白,一项工作只有让销售人员自己说出来怎么做,他才会努力证明自己的方法是正确的,如果是别人要求怎么做,那他在做的过程中会努力证明你的方法是错误的!

正确的开会方式应该是什么样的呢?事实上,在开会过程中,掌握下面的几个问句,开会变得轻松和从容!这几个问句是高效会议的"潜力问句"。

针对每个人,首先问:"你的目标是什么,你想要的结果是什么?"(这样的问话会使被问话的人自然地想自己的目标和想要的结果,然后给予回答)

接着问:"接下来你准备怎么做?"(销售人员接下来要回答的就是关于如何"做"的关键动作)

再问:"还有呢?"

……

"你说得不错,你说得很好,那接下来你准备怎么办?还有呢?"

……

"要想完成任务,还有什么方法呢?"

对方一直回答,直到想不到什么方法,这个时候还可以这样问:"我知道可能没有别的办法了,如果有的话,你将怎么做呢?"

注意,对方在说的时候,你一定要说:"太棒了,就按你说的办!"(鼓励很重要)

总的来说,"潜力问句"就是"还有呢?还有呢?还有呢?"直到"我知道没有了,那如果有的话,那是什么呢?"

高效会议的关键是做到自己不说而激发下属开动脑筋，让他自己说，这样领导就解放了！聪明的你知道以后如何开会了吧，知道如何能让下属拼命地工作了吧。

本章要点回顾

●要实现销售目标，要培养职业化、有执行力的销售团队，不只是靠培训，一定要训练！

●科学的训练方法和每日的销售动作管理是业绩提升的关键。

●销售人员要从行为礼仪、技能提升、精进学习、互相支持等方面不断提升个人素质。

●管理干部必须基于人性需求，才能取得事半功倍的效果。

●管理干部必须通过开会让大家明确工作要点，激发出每一个人的积极性。

OTC

第五章

高效管控

　　建立科学的考核机制对队伍进行考核，在销售管理体系中植入每日的销售动作管理和绩效考核机制，同时依托提炼企业核心价值观和打造团队信念来建立具有强大执行力的销售团队，你的团队将无往而不利，无往而不胜！

第一节 管理须从"人性"出发

1. 如此考核，无异于杀鸡取卵

OTC销售中有很多高毛利的产品，为了最大限度地实现利润，目前普遍采用的考核方式是每个店面销售头上都扛着任务指标，完不成任务就扣发工资、奖金等，完成任务就给予奖励。这种方式的目的是以此激发每个人售卖主推产品的积极性，靠最大限度完成任务后增加的利润奖励一线销售。

这样做表面上看起来似乎无可厚非，利润就是要靠大量销售才能获得，尤其是那些利润相对比较高的产品。但问题是，这种利润增长能否一直持续？

其实，这样做的一个最大的弊端是：销售人员为推产品而推产品，为了完成任务不关注客户的真实需求和感受，无论见到什么样的客户都给客户推荐该产品。这样做，当下可能就会导致强买强卖遭到客户反感，长远者由于产品不能帮助客户真正解决问题最终会丧失客户。

在实践当中我们发现，开始进行高毛首推之后，一开始销售量会达到快速增长，然后快速下降，不仅客户群丧失，而且由于考核任务不合理也造成了人员不稳定。这种杀鸡取卵的方式会造成严重的后果，这样的例子屡见不鲜。

在互联网时代，拥有核心用户群是至为关键的，如果因为主推高毛产品而丧失核心用户，从长远来讲，企业的生死存亡就会成为一个大问题。

这一点也成了有些人质疑"打造黄金单品"的主要论点，其实黄金单品打造并没有错，错的是单品的选择、销售团队单品专项训练及对销售团队考核方法。因此，必须在以下三个方面进行控制，才能在打造黄金单品的同时不断获得良性的业绩增长。

（1）选择主推产品

针对群体比较广泛的产品，比如中老年人、小孩、孕妇都可以吃的补钙类产品，还有滋补类产品、妇科类产品、婴童类产品等，适应的群体都非常广泛。

（2）对主推产品必须进行专项训练

经过长期实践我们发现，对销售团队如果只是泛泛地讲一讲，效果不明显，销售团队一定要把训练的内容还原于实战，进行有针对性的训练，才会产生现场训练、现场掌握，下来就能用的目的。也就是说，对销售团队不能只是简单的培训让其掌握相关知识，一定要通过训练，让其掌握技能才是解决问题的根本途径。

主推产品专项训练主要包括如下几方面的技能：

一是目标客户辨识。即主推产品主要针对哪些类型的客户，不同类型的客户有什么特征、核心需求、关键成功要素是什么。比如中老年人的特征是：生理特征蜕化、普遍睡眠不好，怕老、怕死、怕孤单，期望得到关爱。因此，在跟这类客户沟通的时候必须充满关爱和耐心，用心聆听对方的想法，然后有针对性地推荐才是关键。

二是产品推介。基于不同客户类型的针对性产品推荐话术和关键动作演练可参照前文。

三是异议处理。客户常见异议及处理话术演练可参照前文。

四是联合用药。不同客户群体典型病症的联合用药话术演练可参照前文。

（3）对考核的方式进行调整

一是制定切实可行的目标。目标的设定上不能贪功冒进，要根据客流量、平均成交率来测算目标任务量，根据目标任务量制定具有挑战性的目标。同时要循序渐进，一开始目标不要过大，销售氛围成熟和客户群体增加之后，销售目标再随之增长。

二是品类打包，并对关联销售进行考核。除了单品任务之外，相关品类的增长也要进行一并考核。这要求销售人员的综合能力比较强，以用户的疾患和需求为中心是考核指向的关键点。

三是关注增长率和重复购买率。一定要关注单品的增长率和客户回头主动购买的重复购买率，这是单品能够实现良性增长的最重要指标。

四是奖励对客单价、关联销售运用娴熟的销售人员。对能满足客户需求、关联销售运用娴熟并且能够打动客户促成大单的销售人员要进行奖励并将该销售人员的经验进行推广，让大家向标杆销售人员看齐。

毋庸置疑，打造黄金单品是必须的，但一定要围绕为客户创造价值展开，在考核的方式上也要专注于客户有质量地增长，这样才能获得持久的发展和利润。

2. "PK+表彰"，业绩不暴涨都难

在日常管理中，提升业绩的主要方式就是给销售人员和管理干部做培训，比如药品知识、销售动作分解、联合用药、话术等，但结果往往是培训做了不少业绩就是上不去，甚至出现培训做得越多效果就越差的情况。培训没效果、销售人员不满意，造成了一种"双输"的局面。出现这种情况时，OTC店面管理干部常常责怪下属不努力、人员素质太差等。

仔细探究培训内容就会发现，培训的内容如销售动作分解、销售技能以及话术等OTC店面主要解决的是销售人员会不会的问题，就是要教他们怎么做是正确的。假如销售人员只是知道如何去做但没有动力去做，一切都等于零。这就是培训做了不少但效果不好的根本原因。

解决培训效果不佳的主要方法，就是在培训的同时，以一定的管理激励手段激发大家的积极性，让大家争先恐后地去做，同时把销售目标细化到每一天，每天给予排名和鼓励，以实现业绩的快速增长。比如我们服务的深圳、广州、成都客户，在建立销售训练体系的同时都导入和承诺导入PK机制，销售业绩无一例外地得到快速增长，起到了非常好的效果。

那么，如何让OTC企业与企业之间、销售人员和销售人员之间形成你追我赶的势头呢？核心的动作有三个：PK、跟踪和表彰。让这三个动作形成一个闭环，实行一个周期就会看到明显的效果，下面就这三个动作

分别做一个说明。

（1）建立销售竞赛PK机制企业与企业、销售人员与销售人员之间做销售承诺，建立销售竞赛PK机制

在一次正式培训或阶段性会议（月度、季度、半年度）的最后一个环节，分组站到台前让管理干部带领销售人员当众承诺下一个阶段（月、季度）的所属销售任务及完成任务的关键策略和动作，建立销售竞赛机制。

销售承诺需提前填好，栏目大体上分为销售目标、关键策略、关键动作及完不成任务的惩罚措施。要求目标要具备挑战性、策略及关键动作具体，可量化、可衡量、可考核。

阶段性的销售竞赛同时配套完成任务的奖惩方案，奖励方案设计的核心是对排名靠前的个人及给予物质及精神奖励。

特别要指出的是，精神奖励如奖杯奖状、当众表彰、邀请其家人一起共进晚餐等的作用常常比物质奖励的效果还好。因为人性有被重视、被鼓励的强大需求，在日常管理当中，这一点如果运用得当，会起到非常好的效果。

（2）每日销售动作跟踪

在销售竞赛的过程中每个销售人员要做到每天上报数据，销售内勤每天对数据进行汇总分析并每日对销售完成情况进行排名，在排名的同时最好列出其阶段性任务的完成比率，已完成多少还差多少，以督促大家更好地完成任务；同时，每日在微信群公布完成情况好的和差的并给予点评，这样大家每日都能看到自己的差距和别人的优点，形成你追我赶的势头。移动互联的发展，为每日销售跟踪的效率提升提供了非常好的效率平台。

（3）会议表彰

阶段性的销售竞赛之后，可依据销售奖励方案召开表彰会议，在会议上管理干部发送奖状、奖杯、奖品和现金。如果奖励是钱的话，一定要当众发现金，这样激励的效果才好。管理干部在会议上要大力表扬任务完成好的管理干部、管理干部和销售人员，同时要让完成任务好的人员发表感言并分享心得。做得好的人员收到鼓励以后会做得更好，同时给完成任务一般的人员树立标杆，便于下一阶段迎头赶上。

想要业绩快速增长，光培训是不够的，只是简单的任务分解也是不够的，一定要辅之以强大的销售竞赛机制和激励手段，才能达到我们想要的结果。

3. "销售承诺"到底有多管用

在每次培训或例会后，让团队中的每一个人当众做销售承诺是一个关键的动作，从心理学上来讲，一个人承诺之后就会一定程度上形成自己的潜意识，另外由于是公众面前做的承诺，如果不能实现承诺，面子上下不来，为了证明自己，也要尽力完成承诺。

公众承诺必须把控好节点，并且要实施销售承诺，还要做好承诺之后的跟踪，承诺兑现，这是非常关键的四个环节，下面一一分解。

（1）承诺节点

一般在大型会议或大型培训后应趁热打铁，让团队的每一个成员做承诺，做承诺的时候让每个区域的负责人带领自己的团队做承诺。

（2）承诺实施

承诺一定要设定一个期限，在这个期限内定一个总的目标，然后设计一个主题，比如"XX药业有限公司百日会战"、"大战两个月，赢得开门红"等，在会议或培训后逐一做承诺，做承诺的时候必须把具体完成的数量和实现目标的关键策略和动作表达清楚（表达不清楚证明没想好），同时公布在期限内完不成目标的惩罚措施，惩罚措施必须明确，如按照1000元的标准请部门的人聚餐等。

每个人做承诺的时候，由专人将承诺的数量记下来，并分解到每一天。

（3）承诺跟踪

对每个区域和每个人的承诺进行跟踪和排名，并实时反馈，每个区域和每个人都要了解自己及他人的进度，增强紧迫感，形成你追我赶的势头。

管理干部发现数据异常要及时跟相关人员和管理干部沟通，提出后续解决办法及关键动作。

（4）承诺兑现

承诺期限到了后，以表彰会议的形式对完成情况做总结，对完成好的进行奖励和表彰，对下一步工作提出具体要求。

总之，OTC管理干部带团队，销售承诺是重要的一招，运用好销售承诺，完成销售任务不再难。

下面是一个公众销售承诺模板，供OTC销售人员及管理者在实践中参考，如表15所示。

表15　公众销售承诺模板

承诺人			职务	
承诺目标	销售量			
	销售额			
	客户数量			
承诺日期				
完成期限				
关键策略	1.＿＿＿＿＿＿＿＿＿＿＿＿＿＿＿＿ 2.＿＿＿＿＿＿＿＿＿＿＿＿＿＿＿＿ 3.＿＿＿＿＿＿＿＿＿＿＿＿＿＿＿＿			
关键销售动作	1.＿＿＿＿＿＿＿＿＿＿＿＿＿＿＿＿ 2.＿＿＿＿＿＿＿＿＿＿＿＿＿＿＿＿ 3.＿＿＿＿＿＿＿＿＿＿＿＿＿＿＿＿ 4.＿＿＿＿＿＿＿＿＿＿＿＿＿＿＿＿			
完成后的激励	1.＿＿＿＿＿＿＿＿＿＿＿＿＿＿＿＿ 2.＿＿＿＿＿＿＿＿＿＿＿＿＿＿＿＿			
完不成对的惩罚措施	1.＿＿＿＿＿＿＿＿＿＿＿＿＿＿＿＿ 2.＿＿＿＿＿＿＿＿＿＿＿＿＿＿＿＿ 3.＿＿＿＿＿＿＿＿＿＿＿＿＿＿＿＿			

第二节 打造执行力强大的团队

1. 强化执行力只需三个字："装程序"

每个人的禀赋不同、性格各异，想法更是千差万别。怎样做才能让大家劲往一处使让大家都按照公司的意志做呢？怎样做才能让大家为了销售目标的实现日以继夜地去工作呢？怎样才能让大家不计较个人得失，成为互相支持互相帮助的团队呢？答案只有三个字："装程序"——即给员工大脑中装一套"程序"。

一个人就好像一个计算机，他来到一个团队，硬件水平摆在我们眼前，软件里装了以往他在其他公司和种种阅历的程序，这些程序代表了这个人的价值观，代表了他的工作态度和认知，代表了他的好恶和对万事万物的看法，如果我们不对他进行教育，不改变他甚至清除以往的系统、重装程序，那一堆价值观不同、工作认识不统一的人在一起工作，效率可想而知。

关于执行力低下我们已有很多观点，而认识不统一才是团队执行力低下的根本原因。由于价值观不统一，个人的软件程序千差万别，对公司及管理干部的管理不认同、不配合、不支持，在管理上体现出来就是有令不从、你说你的他做他的、阳奉阴违等各种执行力低下的情况。那么，要提高执行力该给团队成员装什么程序，又怎么装程序呢？

你想让团队成为什么样的人，你就给他们装入什么程序，也就是公司的决策人要把程序提炼出来对团队进行教育并不断体现在实战当中。你需要服务提升，你就要告诉团队"服务创造价值，营销改变生活"；你需要团队执行力强，你就要告诉团队"销售人员的天职就是遵守纪律、执行命令、明确目标、完成任务"；你需要一支执行力强大和销售技能娴熟的团队，你就提炼几段文字变成企业宣言，让团队反复朗诵直至烂熟于心等。

实际上，给团队"装程序"的核心就是提炼企业文化，而提炼企业文化的核心是一个企业核心价值观的提炼和关于企业需要什么样的人的思考和总结。接下来更为关键的工作是程序一定要落地，变成每一个人的认知！

装程序非常重要，很多企业失败就失败在没有给员工装上企业所需要的程序。下面我们来学习"装程序"三部曲。

（1）认识"装程序"的好处

所有程序设计的出发点首先应该是对团队及团队的每一个人有好处，即让装入程序并执行到位的员工在过程当中获得尊严和地位、获得鼓励和表扬、获得升职的机会，更为重要的是，让大家在这个平台上收入越来越高生活得更加美好。这样，企业设计的程序最后才能真正变成员工的自动自发，这也是设计程序的关键所在：任何程序的设计一定要基于人性，要站在团队而不仅是企业利益角度上考虑问题。

（2）实施训练

程序的内容一定要通过培训、会议等场合反复训练，让每一个人烂熟于心直至变成每一个人的潜意识和认知，才能在脑海中清除"旧程序"，装入"新程序"。

（3）程序的落地

程序一定要在各种场合结合实际的工作内容进行实战训导，把程序内容变成具体的工作行为，让每个人都知道哪些是对的，哪些是错的，哪些是应该做的，哪些是不应该做的！及时纠偏和指正，大家的成长速度也会加快。

事实上，执行力提高没有那么玄乎，只需要把程序设计好并给员工装上就好了！

2. 给下属装入四大程序，"管人"不再难

有很多OTC管理干部经常"哀叹"销售人员难管，理由是一人一个想法、一个人一个性格，如果讨好太多显得自己没有身份，再管的时候更难管；而一旦严管，下属动不动就不高兴，严重的话给你撂挑子，弄得自己无所适从。其实，这里主要的原因是你没有改变下属的信念，让大家一盘散沙似的想干啥干啥。这样的管理不是组织，不是团队，只是团伙；这样的管理干部也不是称职的管理干部。

那么，管理干部究竟要给下属装入什么程序才会事半功倍呢？我们提出主要有如下四大程序，分别是：服从命令程序、客户至上程序、精进学习程序和团结协助程序。

（1）服从命令程序

销售人员的天职就是遵守纪律、执行命令、明确目标、完成任务，如果没有训练，我们就不知道遵守谁的纪律、完成谁的任务……要把这些理念在不同的场合反复宣贯，还要让大家多谈自己的心得体会。渐渐地，服从命令的程序就会在团队当中建立起来。

（2）客户至上程序

客户是我们的衣食父母，要善待我们的每一个客户，对每一个客户负责。

（3）精进学习程序

只有不断学习，不断成长，才能跟得上时代步伐，不被时代淘汰，每一个人都要有梦想，万一实现了呢？

（4）团结协助程序

一个人的力量是有限的，只有团结协助，才能实现最大的效果。

在我服务的客户当中，我们给客户团队植入以上四大程序后，整个团队面貌都发生了根本的变化，大家更加努力，对上级更加尊重，更重要的是管理的效率得到了大幅提高，销售业绩如坐上火箭般飙升。

程序正确，一切OK，"管人"不再难！

3. 高效管理的三大策略

一个好的管理干部不仅能够带领大家完成销售任务，同时要关爱下属，让大家愿意跟着公司一起发展，这些都是很重要的。因此我们说，不会销售的管理干部不是好管理干部；同时，管理干部本身是一个管理岗位，管理干部一定要承担起自身的管理职能，要能通过有效的管理来不断提升销售业绩。

（1）管理中的常见困惑

什么是管理？怎样才能实现高效管控？相信这是很多OTC管理干部都比较困惑的问题，主要的困惑主要表现在如下几个方面：

一是不管用——别人的管理方式在我这里怎么不管用；

二是不落地——按照领导和书上说的好复杂，总是落不了地；

三是一盘散沙——所谓的人性化管理却让团队变成一盘散沙；

四是激励无用——不打"鸡血"不行，总打"鸡血"，好像效果也不好；

五是抵触和抗拒——按照领导说的严加管理，但团队抵触情绪很大，军心不稳定，甚至核心人员离职。

（2）不恰当的管理方式

在实际管理中也出现了很多不恰当的管理方式：

一是严管式。此种管理方式管理干部就像暴君，动辄批评、指责和罚款，搞得人心惶惶，大家都提不起积极性。

二是放任式。此种管理方式下的管理干部就是一个"老好人"，好说话，对下属关爱有加，导致销售人员不敬畏制度、不尊重领导和上级，阳奉阴违、有令不从，队伍如同一盘散沙。

三是"打鸡血"式。此种管理方式口号喊得震天响，每天早例会晚例会、动辄打"鸡血"。却无实际落地动作，看上去热闹，实际上大家该不会的还不会、该不积极还不积极，销售业绩提升乏力。

四是脱离实际式。此种管理方式的管理干部经常参加各类培训，满口的新概念、新名词，经常会把所谓的管理方式导入进来，但由于时间和空间不对，导致效果不佳。

（3）有效的管理策略

其实，实现高效管理没那么复杂，一个优秀的管理干部在管理上一定要将复杂的问题简单化，抓好如下几个策略，一定会有豁然开朗的感觉。

一是结果导向策略。

策略描述：以结果为导向设定销售目标，根据销售目标设计关键策略和销售动作，并且把销售目标分解到每一个人头上。

关键动作：设计阶段性（月、周、日）的、具有挑战性但经过努力可以实现的目标；把销售目标分解到每一个人头上；按照销售目标相关人员制定自己的目标完成办法和关键动作；以会议方式确定每一个人的阶段性销售目标和关键动作；对每个人每天的销售完成情况进行跟踪。

实施关键点：制定科学的、可实现的目标，目标不能不切实际；把销售目标分解到每个人头上之后，须有相关人员根据目标制定可落地执行的完成目标的关键策略和动作；每个人必须将自己的目标和完成目标的关键动作讲清楚，在这个过程当中管理干部可以给予指导，讲不清楚地不能让其回工作岗位。

二是每日跟踪策略。

策略描述：将所属每个人员每天的销售数据上报给公众平台，同时对数据进行比对和分析，发现异常即时处理。

关键动作：设计每日上报哪些数据、以什么方式上报、上报给谁及上报的格式；每日数据上报；数据分析；数据反馈。

实施关键点：所属每个人员每天的关键数据上报，按照上报的数据进行跟踪分析；要跟踪到每一天和每一个人；发现异常即时处理。

三是激励PK策略。

策略描述：设计阶段性的销售竞赛方案，建立起你追我赶的销售竞赛氛围，在销售团队内部建立销售竞赛PK机制。

关键动作：设计阶段性的销售竞赛方案并对销售竞赛方案进行讲解；销售竞赛方案实施；每日排名和激励；高调兑现，兑现的时候要召开会议，当中给予物质和精神激励，树立标杆。

实施关键点：制定可行性有刺激性的销售竞赛方案；奖励不仅仅是钱、物等物质奖励，还要有足够的精神激励：如总经理请全家人吃饭、让其家人参加年会、免费旅游名额、荣誉证书等；实施过程中要时刻满足每个人渴望被需要和重视的需求，不要吝赞美和鼓励；高调当众兑现奖励。

作为一个OTC管理干部或是有志于做管理的OTC销售人员，如果你对如何管理好团队还不知道从什么地方入手，那就从先结果导向、每日跟踪及激励PK三大策略出发并落实到位。你将发现很多的管理问题将迎刃而解，领导会对你更放心同时你将能得到下属的拥戴。在这个基础上再努力提升自己各方面的管理水平，那么你在管理岗位上一定能创造出骄人的业绩。

做一名合格的OTC管理干部，你准备好了吗？

第三节　每日销售动作管理

1. 目标任务翻番只须三步

下发任务目标的惯常做法是制定一个总的目标，然后分解到每个月和每家，但是在分解摊派任务的时候OTC管理干部总是会遇到一定的阻力，"太高了，玩不了"、"公司瞎闹，把我们当什么呀"、"就知道拍脑袋作决策"……如果强行摊派，任务一个月完不了、两个月完不了，这个目标任务就会形同虚设。反过来，如果妥协、跟大家商量着来，大家就会把任务定得尽可能低，随后经常出现的问题是即使是目标定得低也完不成，因为这样定目标大家不能获得足够的利益而没有积极性。

出现这种情况的原因，是因为企业高层下发的目标是企业的目标，而不是他们自己的目标，强行摊派会让诸多门店、销售人员自然产生抵触情绪，会想方设法地少承担责任。

因此，很多企业的做法是除了制定目标之外还要和大家研讨出每个部门、每个人完成任务的方法和策略，然后对大家的方法和策略进行跟踪，这样能够最大限度地确保任务完成。但是，这样做的结果仍然是只有少数部门和人能够完成，大多数人还是不能很好地完成任务。

企业在每个阶段有每个阶段的业绩目标和任务，如果这个问题解决不好，将会耗费巨大的资源而目标实现起来依然阻力重重，管理干部的权威和领导能力在这个过程中会遇到前所未有的挑战。反之，这个问题如果解决得好，能够让公司上下都积极主动日以继夜工作，企业将迈入持续发展的良性轨道。

所谓管理，应该是在制定了总体目标的前提下，通过一些手段和方法让企业的目标变成每个人、每个部门自己必须完成的目标，这样一来性质就会马上改变，从"你要干"变成"我要干"！目标翻番的核心方法一定要基于人性，要让人发自内心地自觉主动地去工作才可以。

让目标任务翻番的方法可采取如下三个步骤：

（1）建立期待

建立期待的核心手段还是要会发问。发问的示例如下：

问：你上一年挣了多少钱啊？

答：挣了三万。

问：今年准备挣多少啊？

答：五万元吧。

问：今年你准备做什么事情啊？

答：准备买房，交个首付。

问：买房啊，首付得多少钱呢？

答：十万元。

问：除了这个之外呢？

答：跟我对象出去旅游。

问：旅游需要多少钱？

答：两万元。

问：那交往女朋友一年下来得多少钱？

答：三万元。

问：那这就15万了，除了这些之外呢？

……

问：这样下来一共得多少钱？

答：28万左右吧。

问：要挣到这么多，全年的任务得完成多少？

答：300万元。

问：分解到每个月是多少任务呢？

答：30万元。

……

点评：这种发问方式可以挖掘每个人内心深处的核心需要，要想方设法实现这种需要，从而建立起自己一定要得到的强大期待。

（2）找对方法

有了目标后要继续发问，挖掘完成任务的方法，有了方法就能建立起每个人的信心。

问：完成这个任务你有信心吗？

答：有，保证完成任务！

问：准备怎么做啊？

答：……

问：还有呢？

答：……

问：还有呢？

答：……

问：我知道没有了，如果有的话，那是什么呢？

答：……

问：有人觉得目标企业的活动很重要，你认为呢？你准备怎样做？

答：……

问：我觉得那样的话你太累太辛苦了，别做这么多，少点吧？

答：那不行！

点评：不要直接告诉对方怎么完成任务，而是通过发问让每个人自己找到方法，即使想告诉对方方法，也要用发问的形式，比如"有人会觉得针对目标企业的促销活动很重要，你觉得呢？"这样会让对方感觉到是自己想出来的方法，只有自己想出来的方法他才会在未来工作中想方设法地去证明自己是正确的！

（3）即时鼓励

"我今天发现你的很多优点，进步很快，有很多落地的想法，并且有责任、有担当！""我相信你一定能够完成任务，我看好你！"

点评：贴标签，给下属贴什么样的标签，下属就会变成什么样的人。

只有激发人性内省深处需要的任务并分解目标，才能很好地实现目标。用对方法，目标实现不再难；用对方法，目标完成翻几番！

2. 管理干部必备的五大管理工具

作为一名合格的管理干部，有几个管理工具是一定要掌握的，否则下属就会出现目标不明确、懒散等状况，导致不能实现阶段性任务的结果。

工具一：目标计划管理。

目标计划管理即部门及部门内的每一个人必须制定阶段性的目标以周计划、月计划的形式来呈现，目标要数据化，实现目标的步骤和关键动作要明确。

要点：计划要以会议的形式过一遍，如果对目标和关键动作不清楚、不明白就必须重做，直到明白为止。

工具二：一日工作安排。

不同岗位需把一日工作安排以工具的形式标准化地呈现出来，一日工作安排能量化的尽量量化，比如拜访客户数量、接待客户数量、每日最低销售额等，是不同岗位每日工作的最低要求。

要点：如果我们不能完成每天的销售额，那么我们就不能完成每周乃至每个月的销售。因此，计划一定要落实到每一天、每个人！

工具三：每日报数。

基础销售人员每天工作完成情况以数据的形式报上来，报上来之后管理干部根据完成情况给予督促和指导。由于销售人员每天必须报数，报上来的数据上级一定会看，如果报不上数据或者弄虚作假就会即时被发现，销售人员自然也不会怠慢。

工具四：例会制度。

我们的队伍是在一次次会议当中成长壮大起来的，管理干部一定要利用好会议，统一思想、明确目标和关键动作，并且激发大家的积极性和提升技能，开好会非常重要，要开好会，就一定要紧紧围绕着目标和关键动作展开，适时给予激励和鼓励。

要点：会议一定不要开成批斗会和抱怨会，要鼓励先进激励为主，建立信念，同时让大家明确目标和关键动作。

工具五：PK机制。

建立PK机制便于形成你追我赶的势头，激发每个人的渴望和不服输的劲头。这样管理干部不需要费多大力就会有一个好的结果。

要点：PK机制的建立主要是善于设计PK方案，明确阶段性目标并建立奖罚机制，一定要说到做到，过程中鼓励，结束后兑现。

一个管理干部能掌握好以上五大工具，管理效率不高都很难！

3. 做好"一日工作安排"，效率倍增

一个优秀的管理干部不仅仅是能做好自己的管理指挥的工作，还需要

有超过其他销售人员的销售能力，带领大家创出优秀的业绩，同时在生活上还能关心关爱下属，这样的管理干部大家才会心悦诚服，这样的管理干部能够在自己的岗位上让人刮目相看，也会让领导赞赏有加。

其实，做好管理干部的工作，除了这些之外，还有一个管理工具很重要，那就是"一日工作安排"。

"一日工作安排"管理的核心要点是：如果一个销售人员做不好每天的工作，就做不好每周的工作，更做不好每个月的工作，那么周计划、月计划就会成为空谈，因此，要完成每个阶段的业绩指标，必须从做好每一天的工作开始。

不同的岗位每天不同的时间点都应做什么？关键动作和完成标准分别是什么？其实，我们把他梳理出来并做成标准化的工具，不同岗位的人员按照"一日工作安排"来完成各项工作，工作效率就会得到大幅度的提高。

下面，我们来看看"一日工作安排"的设计要点：

一是按照不同岗位的岗位职责来设计。"你每天应当做什么？"是跟岗位职责相对应的，你的职责是什么，你就对什么负责，"一日工作安排"的具体工作内容要与岗位职责相适应。因此，作为管理干部，不能随意地给下属指派任务，但是对下属应当完成的工作一定要督促、跟踪、检核。

二是按照时间顺序来排序。作为管理来讲，"一日工作安排"按照时间排序，即每天上班前的准备、早例会、工作、晚例会、总结要形成一个闭环。

三是突出轻重缓急。"一日工作安排"对重点事项要做强调，并设计出具体完成的标准。

我们再来看看"一日工作安排"的执行要点：一是让每个人都能够理解并按照"一日工作安排"去执行；二是"一日工作安排"不能只挂在墙上，一定要印刻在每个人的心里，让大家自觉执行；三是"一日工作安排"执行结果必须以数据为导向，其实所有的管理最后一定要以结果为导向，以数据为导向。

其实，销售管理并不复杂，只要能管理好每个人每一天具体的销售动作和目标就好了，不搞形式主义，不空谈，以务实的精神来做销售管理，那么这样的区域经理、这样的管理干部就一定能带领OTC销售人员创造出优秀的业绩，也一定能在公司的平台上有很好的发展。

示 例： "一日工作安排"

"一日工作安排"对销售人员和业务人员而言各有不同，下面来看看二者在时间、工作内容、完成标准等方面的具体内容，如表16、表17所示。

表16 销售人员的"一日工作安排"

时间	工作内容	完成标准
上班准备	1. 个人仪容仪表； 2. 确认今日目标； 3. 整理销售工具包； 4. 准备赠品和物料。	1. 按照仪容仪表管理规定； 2. 确定品种、销售总量、接待人数、客单价目标； 3. 销售工具包整洁、整齐、完整； 4. 赠品物料准备与当天的销售目标匹配。

续表

时间	工作内容	完成标准
早会	1. 宣言、口号朗诵; 2. 按照管理干部要求汇报今日目标和关键动作; 3. 管理干部具体工作安排。	1. 调整好工作状态; 2. 目标明确,动作可落地执行。
现场预热	1. 清点库存; 2. 产品陈列、广宣布置; 3. 仪器、设备的摆放及清洁。	1. 清点相关产品数量和批号,如库存不足,要求门企业补货并告知业务主管; 2. 按照公司产品陈列与广宣布置标准完成相应的工作。
现场售卖	1. 派单邀约; 2. 客户接待(检测); 3. 需求询问; 4. 产品介绍; 5. 异议处理; 6. 成交 7. 与客户建立联系; 8. 欢送客户。	1. 客户辨识恰当,完成当日目标客户邀约; 2. 平时接待客户人数不低于15人/天,关键日接待客户人数不低于30人/天; 3. 建立客户的档案卡(扫二维码)。
晚例会	1. 汇报当日工作; 2. 总结当日不足地方及改善动作。	当日工作汇报以数据为导向。
下班前工作	1. 库存盘点; 2. 报数。	1. 销售数据吻合; 2. 按照公司的要求报数(微信)。

表17　业务人员的"一日工作安排"

时间	工作内容	完成标准
上班前	1. 仪容仪表的整理; 2. 销售工具包准备; 3. 物料、赠品准备; 4. 明确今日工作成果。	1. 按照公司规定的仪容仪表; 2. 销售工具包完整、整洁。

续表

时间	工作内容	完成标准
早会	1．宣言、口号朗诵； 2．确定当日目标及关键动作； 3．任务分配； 4．关键事项强调。	1．将工作状态调整到最佳； 2．目标明确，动作可落地执行。
上班时	1．销售数据查询； 2．跟进销售人员工作； 3．现场售卖； 4．重要事项确认； 5．给上级电话汇报当日重点工作成果。	1．一日或一周数据查询上报； 2．对昨日销售异常的销售人员沟通，找出问题关键点并提出具体要求； 3．对销售业务突出的销售人员沟通鼓励，在内部微信群文字通报； 4．按照销售人员每日工作标准检查，现场给予反馈，要求立即改进； 5．重要事项是否达成； 6．必须以打电话的方式，汇报今日重点工作成果达成情况。
下班	1．总结今日工作并上报； 2．明日工作计划安排。	完成今日工作总结及明日工作计划的填写并上报。

以上示例只是一个模板，不同公司可按照自己不同岗位的需要来设计和调整。

151

第四节　建立"上下同欲、自动自发"的机制

1. 提炼价值观

企业要建立起双赢甚至多赢的价值观，它不仅体现的是公司的意志，更重要的是员工能否认同企业的价值观，而员工能够认同的前提是公司的价值观是否体现出了公司对人的尊重和爱护。因此，一个企业必须提炼出上下甚至社会都认同的统一价值观。

比如我服务过的一家药企，其核心价值观是"服务创造价值，营销改变生活"，这个价值观就非常好地体现出了公司希望依托优质的服务和专业化的营销来实现企业的发展，同时也通过服务和营销来改变企业每一个员工的生活和命运，因此这个价值观的提炼得到了员工的高度认同。

2. 价值观与关键行为

核心价值观一定要让大家理解、吃透，不能只是挂在墙上喊喊口号而已，一定要让每一个人落实到具体的行为上面。比如"服务创造价值"，其关键行为是什么？这个动作要通过训练让每一个员工都写出具体的关键行为，如每天要针对十个目标客户进行回访、见到每一个客户都要微笑等，这样最后就能形成统一的核心价值观与一个关键行为手册来指导企业内部每个员工的行为。

核心价值观与关键行为手册不是制度，但很多时候比制度还管用。

3. 打造团队信念

价值观的认同和信念的建立是企业内部"上下同欲、上下同心"的基础。

有了上下认同的企业价值观，员工就建立起了坚定的信念，就愿意为公司来努力地工作，因为员工觉得：为公司就是为自己！因此，我们不用督促他他就会自动地努力工作，不用督促他加班，也不给加班费，他也愿意加班完成任务，因为，他认为这样做对自己的成长、对自己收入的提升和生活的改善有好处。

示例一： 某药企的宣言和口号

某药企的核心价值观是："服务创造价值，营销改变生活！"对此，该药企做了如下解读。

不断开发市场并持续为客户提供更好的服务是实现我们使命的唯一途径。只有不断地开发市场，我们才有机会为更多客户提供服务，只有向客户提供更多、更好的服务，我们才能向市场证明我们存在的价值，并赢得一场又一场的销售胜利！

选择用营销来改变自己的生活，用营销来改变自己的命运。营销就是沟通，营销就是建立信任，营销就是满足客户的需求，营销就是帮助客户解决问题。我们将用自己的双手、用自己的头脑与客户携手合作，互惠共赢！

强烈的销售意愿是成功的基础，扎实的专业技能是成功的保障。我们要成为一名优秀的营销人员，就必须树立强烈的内驱力和强大的战斗意志，并不断地接受训练，练就过硬的专业技能，从而让自己不断进步、不断成长！

营销人员的天职是：遵守纪律，执行命令、完成任务。我们要持续开发、不断攻击、有效占领，只有这样，我们每一个人才有存在的价值，才能真正地体会到什么是成就感。

从来没有什么救世主，也没有神仙皇帝，要改变我们的生活，只有靠我们自己！我们是自己人生的经营者，我们要为自己的人生负最大的责任！

为了美好的明天，为了辉煌的未来，我们将携手前行，精诚合作，把我们打造成为一支逢山开路、遇水搭桥、战无不胜的现代化营销军团！我们将在中国西南市场上不断攻城略地，建立新的版图，改写市场的规则。

我骄傲，我是一名营销人员，我将和全体同事一起，为创造伟大的销售事业而努力奋斗！

口号：服务创造价值，营销改变生活！

示例二： 核心价值观与关键行为

核心价值观：遵守纪律，执行命令；明确目标，完成任务。

关键行为：包括遵守纪律、执行命令、明确目标、完成任务四项内容。

遵守纪律：严格遵守公司规定，每月25号总部召开会议；每天按时报岗，写工作日志；需要核销费用时，严格按照公司关于费用核销的相关规定办理；参加公司会议，必须穿正装；每月5日前将差旅费单据寄往公司。

执行命令：执行公司1000家终端企业的铺货时间；执行公司的各项规

章 制度；公司发货运费由代理商付，公司核销；打火机由公司核销，经销商统一制作；每天必须上午10点以前向销售总监电话汇报当天工作。

明确目标：目标按照客户数量、销售量、销售额分解；省区任务80万元，区域经理10万至30万元；区域经理每日拜访10家终端客户；报岗日志要按要求写，计入每月的任务绩效；每个区域有代理商须配备区域经理2～3名业务员。

完成任务：制定空白市场开发计划；目标要明确、务实、要量化；制定周、月、日销售额；对市场详细了解并对销售额进行分解并制定出关键步骤和动作；每日总结、每日做当日计划并按照计划不折不扣完成。

第五节　借势借力，建立共融共生机制

1. 新常态下的药企战略路径选择

2015年，中国经济进入新常态，市场经营难度开始增加，大多数药企无一例外地都感受到了压力；同时，互联网深刻地改变了用户的购买行为，这对医药企业的销售来说将是颠覆性的。

在互联网浪潮席卷下，医药企业被跨界"打劫"的风险增加了，因此医药企业必须未雨绸缪做好战略规划，这是现在及未来能够胜出的关键。

未来3～5年，根据不同的发展状态和资源配置情况，药企可采取如下几种方向战略。

（1）健康生态战略

在互联网环境下以用户为中心，依托大数据管理健康生态系统，让系统里的所有客户资源为我所用，让系统里的所有用户都在自己掌控之下，这样可以建立起牢不可破的竞争优势。

（2）同心多元战略

以一个诉求为中心，其他围绕这个诉求展开，前端的产品占市场，后续的产品求利润，这就是所谓的同心多元战略。

（3）纵横结盟战略

整合行业内上下资源，与利益相关的相关渠道成员结盟，实现资源整合，互帮互助，从而在竞争当中占据优势地位。所谓的众筹、股权激励的本质都是结盟的战略，但未来更重要的是在统一的使命下大家同心协力地做事情，因此，纵横结盟要想大获全胜，一定要有一个灵魂式的人物，另外需要有一个价值观趋同的平台。

（4）差异化战略

避其锋芒，击其虚弱，药企在实力不足够强大到跟对手展开阵地战的时候，不必跟对手无谓地硬碰硬，不妨采取产品差异化或渠道差异化或推广差异化的战略。先找个市场缝隙钻进去，以避开强大对手的攻势，让自己在竞争当中先存活下来然后伺机而动，这样保存实力的差异化战略对于弱小企业来讲不可不谓是最佳选择。

2. 互联网+：山雨欲来风满楼

在一般人的印象中，医药企业行业是涉及每个生命个体健康的大事，无论是从国家的政策壁垒还是每个生命个体就医的谨慎态度来说，医药企业行业相比较其他行业来看似乎都应当是一个封闭的行业。进入这个行业也需要一定的壁垒，局外人似乎很难介入。

由于行业的相对封闭和监管缺失，多年来无论国家声称如何重视医改，也没有从根本上改变医院高高在上、以利益为导向的医患格局。与此相对应的是：患者没办法很好地识别各种药企业的药品，患者在购药用药过程中充满了各种不信任，在看病、买药、治疗过程中充满了担心和恐惧。

那么，进入互联网+时代，医药企业种行业会有什么样的变化？能从根本上改变不乐观的现状吗？答案是肯定的，互联网+时代将颠覆现在的医药企业行业，基于人性需求的用药新时代即将到来。

马云高调进入医药企业行业，2014年3月，阿里对中信21世纪进行了总额1.7亿美元的投资，双方联手建设基于大数据的药品信息化平台；2014年5月，阿里启动未来医院计划，改造传统医院的就医情况，利用支付宝钱包进行挂号、就诊、医患互动等；2015年，阿里健康云医院服务正式上线，其中只有抽血等六个环节需要到医院进行，其余全部过程可以线上完成；2015年4月15日，天猫在线医药业务的运营权转让给阿里健康，阿里健康志在搭建医药企业健康的生态体系；相信之后会有越来越多的互联网巨头踏足医药企业行业，形成庞大的线上线下医药企业体系。

与此相对应的是，以七乐康、健客网、健一网、康爱多、好药师、壹药网为代表的网上药企业的销售业绩也节节攀升。

互联网+时代可以预料到的变化有：首先，药品的价格会逐渐变得透明，消费者买药不需要额外多花冤枉钱；其次，未来看病可能不需要每次都去医院，患者只需要把自己的检测数据上传给相关的医生，医生就可以在线上完成诊断和开处方，这一过程患者在家中通过手机就可以完成；再次，由于互联网本身是开放平台，基于人性的服务和医患关系将重新建立，人与人之间将重拾信任；最后，大数据将发挥日益重要的作用。

无论你是厂家、经销商、药企业还是医院，在互联网+时代，很多人对变化往往充满着迷惘，不知道如何应对，就像人类历史上每一个大的变革一样，人类已经从工业文明进入了互联网时代，如果不尽快适应就将坐以待毙，无论你是产业链条的哪个环节，一定要尽快转变，对药企而言，转变的方向主要包括如下几个方面：

一是在自己的体系内植入互联网工具或建立线上线下的O2O模式。结合移动互联的特点植入互联网管理工具，现在有很多成熟的互联网管理工具，APP也好，或者是建立在微信公众号等终端基础上的二次开发也好，或者其他互联网工具也好，企业需要尽快结合互联网管理工具，实现对团队和客户（用户）的高效管理。

二是基于（客户）用户的需求来改善服务质量和销售流程。互联网+时代最典型的特征就是：对用户痛点的挖掘和满足变得至为关键、微创新变得至为关键，在互联网+时代，一定要摒弃动辄谈战略，摒弃各种务虚的高大上，摒弃坐而论道，而要踏踏实实地研究客户（用户）的痛点并采取针对性的办法，一定要基于（客户）用户的需求改善服务质量和销售流程。互联网+时代，一个基于用户痛点的微小改变就可能会带来自身全局的改变。

三是植入互联网医药企业生态系统的关键环节。"巨无霸"已经进入这个行业，如果想在未来很好地生存下去，就得植入自身整个医药企业生态体系的关键环节，与上游、同行、下游展开多样的合作，这样才能获得长久的生命力。

四是注重大数据的开发和应用。大数据的汇总、整理、开发、分析和适时的策略和动作，在移动互联的当下乃至未来至为重要。

"山雨欲来风满楼"，在互联网+时代，相信医药企业都感受到了扑面而来的互联网气息，时不我待，无论你的企业处在行业的哪个环节，除了尽快适应，敞开胸怀拥抱这种变化外，生存下去别无他途。

3. 药企须提防的第三方合作机构

医药企业寻找第三方合作咨询或培训机构时，须提防如下几类机构：

一是自以为是者。企业负责人和相关人员觉得自己很了不起，好像企业处处不如他，自觉不自觉地挂着一幅傲慢神情，这种人在咨询、培训机构里面大量存在，好为人师、高高在上，他们往往听不进去企业的声音，凡事自以为是，很容易将药企客户指向错误的方向。

二是绮语妄语者。头衔一大堆，夸夸其谈，什么是"中国最顶尖的""全球最顶尖的"等。在宣传文本上把自己吹得天花乱坠。常见的措辞和词汇就是"全球、中国、第一、非常、赞誉、顶级"等，要么就是"了悟、觉醒"云，在跟客户沟通的时候，好说大话或者讲一些漂亮话，善于将简单的问题复杂化，好像不这样就不足于证明自己高深莫测似的。

三是项目执行不落地者。花哨的动作和工具不少，项目合作之前就各种给企业拍胸脯，但项目实施就是不落地，实现不了客户价值。

四是让水平一般的人担任项目负责人。相关机构的老板水平还可以，但是到项目实施的时候派一个水平有限的人担任项目负责人，平常具体的事情都是这个人操作，企业虽花了大价钱请咨询机构坐诊把脉，但效果却不明显。

五是动辄把责任推给企业者。项目效果好都说成是自己的功劳，一旦项目实施不利，就说企业执行出现了问题，还到处宣扬，这种人品差的合作者就不要考虑了。

由于上述现象的存在，一家医药企业或连锁药店在找第三方咨询或培训机构时，一定要找到真正有实战能力并且能够落地的公司，并且一定要敢于承担责任并且对项目质量高度关注的公司。

4. 有效果就是硬道理

只是简单的培训如同吃保健药，不吃没事，吃了也没什么效果，咨询不落地也同样，操作不好反而会对企业造成伤害，贻害无穷。因此，药企客户真正需要的是传授贴身实战服务和指导的同时，还能够将企业战略和模式落地的合作机构。可以说，培训（咨询）已成过去式，顾问+训练才是王道，有效果才是硬道理。

我的窗外就能看到北京的雾霾，2015年的冬天，北京很难得看到晴朗的天空，在这种环境下，我们能听到的是各种调侃、嘲讽和担忧，空气净化器、口罩卖到脱销，很多人甚至产生了移民的念头。但我想我们每一个人都逃不脱也逃不掉，每一个人都有责任为我们环境的改善尽一份力量，另外，我们应知道万事万物物极必反的道理，雾霾最严重的时候就是一天天好起来的时候!

让我们祝福进入经济新常态下的中国药企、药店都能够蓬勃发展,都能够百尺竿头更进一步;让我们诚信经营,以用户为中心;敬畏市场、敬畏客户;兢兢业业、踏踏实实,一起为药企的中国梦而奋斗,为国家的进步贡献自己的力量。

示例一: 两年,从五千万到两个亿

时光飞逝,转眼又是一年,四川省杏杰医药有限公司(化名)有限公司开始紧锣密鼓地筹备2015年年会了。

2015年,在业内一片喊衰的情况下,杏杰医药全线上涨,业绩斐然,当年比2014年同比业绩继续翻番,销售额达到了两亿元。在成都市金牛区迎宾大道蓝海天地E座三楼的总经理办公室,总经理詹总看着2013年至2015年年度业绩报表。两年来,公司年度销售业绩从2012年的5000万至6000万元,增长到2015年年度两个亿(出货价)的销售额。对于这样的业绩,詹总心中充满了成就感,也感到非常欣慰,看来今年的年会一定是个庆祝的会议,也一定是个皆大欢喜的会议。

杏杰医药以经营OTC药品为主,主要的产品涵盖滋补类、妇科类以及维生素矿物质类三大类产品,公司在全省有销售人员五百多名,其中店面导购占到了80%,目前看起来完全是一家以终端药店动销为导向的公司。但是在两年前,公司6000万元的销售业绩中有差不多2000万元来自临床的贡献,也就是说OTC的贡献也就是3000万元多一点,而现在的两个亿基本来自终端药店。更重要的是,公司销售额的增长主要来自于人员的努力,并没有常见的终端投入资源的大规模投入,这样一来利润额就是很可观的。

两年时间，3000万元到两个亿，销售额增长了七倍！实现这样的骄人业绩，得从两年前的一期研讨会讲起。

2013年7月的一天，正值盛夏，杏杰医药的会议室正在举行一个半年度的会议，虽然空调在工作，但参加会议的每个人都还是感觉到了燥热，空气当中弥漫着燥热的气氛。这次会议是一个研讨会，由詹总亲自主持，参加人员是遍布四川各个区域的区域经理，研讨会的主题是：当前存在的市场问题及解决办法研讨会。

召开这次会议的主要原因是因为当前杏杰公司的业绩不仅没有实质的增长，而且销售团队不稳定，思想上也不统一，人心涣散；另外由于伴随着投入增加，利润不升反降，因此詹总在会议上要求大家拿出解决办法。

詹总抛出主题之后让大家各抒己见。

靳经理："现在市场难做，客户虽然有一些降价等要求，但我认为还是有道理的，因此在产品政策上要尽量满足客户的需求。"

彭总："我们有些产品不好，利润空间太低，要么调整政策，要么必须找到更新换代的产品。"

边总："人不好招，招来了留不住主要是工资太低，因此，得调整工资政策。"

……

听着大家的建议，詹总紧蹙眉头，照这种状况下去，问题显然得不到解决，甚至还会越来越严重。怎么办？

詹总是一个女中豪杰，具备四川女子坚忍不拔的优点，做事情从来不服输，她坚信一切问题都有解决的办法。既然公司内部得不到解决，那就想办法看看其他的公司怎么做吧！詹总想来想去，想到了位于深圳的全标药业，去找全标的钟总，看看他有没有什么解决的好办法。就这样，詹总带着公司区域经理一行人来到深圳取经。

热心的钟总给詹总阐述了自己的成功的关键要素：一是有一个成功的营销模式。采取在实践当中分销+助销的销售模式，以分销实现市场覆盖，以终端拉动为导向来启动市场。二是建立了能够落地团队训练体系。全标药业有一套成熟的落地训练体系，有了这套训练体系，全标的团队成了虎狼之师：对企业高度认同并且个个能力都很强。三是销售管理体系完善。有一套完备的销售管理体系，管理经理和高层对每一个人每天的销售动作和计划的实现了如指掌。

听钟总说这一切都得益于北京红硕咨询的郭鸿翔郭教练。就这样，郭鸿翔进入了詹总的视野，也有了随之而来的詹总跟郭鸿翔为期两年的合作！

2015年10月1日，成都杏杰与北京红硕的销售训练项目正式启动，在启动会的全过程中，除了郭鸿翔教练和詹总之外，所有人一言不发，不是不爱讲话，而是根本不知道讲什么，虽然也认为郭教练说的有道理，但每个人都插不上话，都是一头雾水的模样。

接下来，郭教练进行了市场走访和调研，发现杏杰医药还是具备很多优势的：其一，以终端导购驱动模式来启动市场，在大家都是粗放式业务分销为主导的大背景下，这样做占领了终端，产生了一部分效益；其二，这个队伍的绩效考核采取的是单盒提成制，也就是有销量就有钱，没销量就没钱，这样大家也不敢懈怠，基本上工作都还算努力；其三，终端团队大多数是26岁以上的上有老下有小的家庭妇女，生活的压力使她们的挣钱欲望比较强，工作总体而言还算比较努力；其四，同样的模式在北方很多省份可能很难成功，但四川女性与生俱来的吃苦耐劳的特性和服务意识是一个很明显的优势。

但企业同时存在如下几个方面的问题：一是管理粗放。公司并不知道每个人每天都在做什么，整体也缺乏计划管理，能卖多少算多少；卖得好不知道什么原因，卖得差也不知道为什么，整体处在一个粗放式管理的框架下；二是缺乏套路和方法。每个人都跟着感觉和悟性在卖药品，率性发挥，因此销量惨淡有之，强买强卖有之；三是队伍没有凝聚力。由于是单盒提成制，公司也没有组织化的管理动作，更缺乏企业文化建设，导致大家对公司并没有什么归属感。显然，以上问题如果长期得不到解决，公司的发展将难以为继。

在走访和调研之后，郭鸿翔与詹总做了深度沟通，在摆出优劣势之后，郭鸿翔强调从如下几个方向突破：一是确立公司五年发展战略和核心营销模式；二是梳理营销模式下关键策略和套路；三是建立高效管控的营销管理体系；四是建立统一的核心价值观，形成员工对企业及领导人的高度认同；增加团队凝聚力和执行力；五是建立销售训练体系，解决员工"会不会，想不想"的问题；六是建立销售跟踪体系。

詹总表示赞同，双方一拍即合项目开始往下推进。2013年10月，在郭鸿翔教练的指导下，完成了营销战略的确认、营销模式的梳理，编写了销售团队训练的教材、教案和教程。

2013年10月，杏杰医药导购团队训练第一期开始启动，为期四天三夜的强化训练让大家掌握了产品、顾问式销售、成交技巧、异议处理等关键技能，强化了团队信念。

一期训练之后，11月份公司的销售量就比10月份得到40%以上的增长，事后詹总给郭教练回忆说："我们项目启动之后，方案的梳理不用说，团队训练让我感受到了震撼，训后销量增长之迅速是我没有想到的。"

接下来郭教练组织企业编写了业务团队的教材、教案和教程，2013年11月份，业务团队的四天三夜训练开始进行，本次训练中训练了杏杰业务团队的关键技能，包括产品、客户开发、客户维护（拜访八步骤）、谈判技巧、管理制度及关键流程等。

接下来几个月杏杰医药的销售量继续增长：2014年全年，杏杰医药与郭鸿翔继续合作，完善了各项方案，继续进行了包括关键流程和制度、导购六步法及管理技能提升等专项训练。每次训练之后，销售跟踪体系都得到进一步完备，销售承诺+PK策略产生了良好的效果。2014年，杏杰医药的销售额突破一亿元，是2011～2013年公司整体销售额的总和。2015年，杏杰医药的销售额继续翻番，达到了两个亿，在资源并没有大规模投入的情况下实现了销量倍增！

随着红硕咨询和杏杰医药的深入合作，不仅仅是销量和利润额的增长，其他方面的合作价值也开始凸显：一是打造出了一直团结向上，有执行力的团队。一改以往团队的颓废之势，现在的杏杰医药中，大家热情高涨，团结向上，你追我赶，形成了一支真正有执行力的团队。二是员工的整体素质得到快速提升，管理干部的水平得到同步提升。真正从"团伙"成长为"团队"，素质得到提升后以往管理干部都不会讲话，现在每个人站到台上就可以侃侃而谈，这个团队真正成为了一支职业化的团队。三是管理效率提升，领导得到了解放。随着管理效率的提升，詹总也一改以往事必躬亲的工作方式，实现了轻松管理，真正实现了老板解放，企业重生。

2014年底的时候，在项目合作一周年的时候，詹总专门对红硕咨询、对郭鸿翔教练表示了感谢！

在中国，有这样一大批不依靠政府、不投机取巧，完全依照市场发展规律，依靠自身努力奋斗披荆斩棘不断成长的公司，这样的公司才是真正意义上的市场经济下的公司，这样的公司才是中国的希望所在。

四川省杏杰医药有限公司，无疑就是这样的公司。

示例二：全标药业——从小区域到大市场的变革

在深圳乃至广东省医药圈，提起深圳市全标药业有限公司，大家都认为这是一家终端动销很厉害的公司，他们的产品在终端启动快、销量大，尤其是深圳全标，促销活动做的有声有色，一场活动销几千盒很轻松，良好的口碑得益于全标药业钟利文总经理多年来以客户、顾客利益为中心，以终端动销为导向的坚持，也得以于领导团队正确的人生价值观。

深圳全标药业从2012年开始正式启动业务分销战略，改变了原有的单一终端导购模式，实行直营+区域分包+终端动销模式，实行这个模式之后，市场布局开始向深圳以外的市场的拓展，几年的时间，全标企业从原先仅覆盖深圳几个大连锁的小型医药公司成长为覆盖整个广东省乃至华南区域的包括连锁、单体及大型医药公司的大型医药代理公司，其产品也从原先单一的补钙类产品拓展到维生素类、滋补类、妇科类、营养包类等产品，年销售额从5000万元飙升到2015年度的3亿元。

这一切，都来源于一直以来在正确价值观指导下的大胆变革和精进努力！2009年及之前，深圳全标药业有限公司已经在深圳几个大型连锁内声名鹊起，其终端导购免费检测模式也实行了好几年，在业内这种模式做得好的也当属全标药业，这个模式为全标药业积累了现金流，创造了不菲的利润。

另外，全标药业主要依靠代理的金辛金丐特葡萄糖酸钙锌口服溶液一支单品就完成了85%以上的销售额，由全标药业创造的打造"黄金单品"理念开始引起业内的注意并争相模仿。

但是，随着时间的推移，这种模式遇到了发展瓶颈，表现在如下几个方面：一是由于效率低下，利润锐减甚至开始负利润。在终端导购模式的运作下，有些区域和有导购的门店能够完成任务，但随着人员的增加，很多导购并不能完成任务，由于人员的工资、社保等固有成本增加，门店的整体利润开始锐减甚至倒贴，出现了负利润。单一的导购驱动模式遇到了巨大的发展瓶颈。二是人员不稳定，素质低下。销售岗位本来就是流动大的岗位，这些终端导购遍布深圳内外，由于不是门店的固定员工，平日里在门店可能会遭遇到来自店长、店员等门店内部的种种不如意，遇到顾客刁难的时候也无处倾诉，在组织上也得不到来自公司层面的抚慰，这样一来导致人员流动性非常大，新进来的人很多经过简单的培训后就上岗，导致上岗后并不能很好地完成任务，完不成任务、挣不到钱进一步加剧了人员的不稳定。三是市场萎缩。由于采取单一的头轻脚重的导购驱动模式，全标药业的分销网络并不发达，因此全标药业主要的业务范围仅限于一致、中联、海王等几家本地连锁药店，不仅市场销售上涨受阻，甚至还出现了萎缩的态势。

在这种情况下，全标药业的钟总开始积极寻求第三方合作，他找到专业做OTC销售团队训练的王建老师和郭鸿翔教练一起研究，想改变目前这种不利的现状。

钟利文总经理和郭鸿翔深度沟通后，做出了如下改良方案：一是建立组织化的管理体系，确定每日销售跟踪管理体系；二是通过批次强化训练解决销售团队"会不会"及"想不想"的问题。

2009年年底，深圳全标开始了企业年度营销计划的制定和各项方案的梳理，编写了销售团队的训练的教材、教案和教程，随后批次销售团队训练开始展开，每期强化训练一个星期，训练之后进行销售跟踪。

2010年，全标药业的市场和团队得到了稳定，销售业绩实现了稳定的增长。

2010年12月，全标药业年度营销计划总结会议在全标药业会议室召开。在本次会议上，郭鸿翔教练系统讲解了如何制定年度营销计划，在本次会议上对以往的营销模式的优劣势进行了分析，在分析的基础上提出了改变以往单一的导购驱动模式，改为业务驱动为先导的业务+导购驱动模式。在这个基础上，依靠有效的资源配置和良好的市场跟踪激发渠道的积极性，以完成市场的全面覆盖和销量的持续增长。本次会议还确定在广东省除深圳和广州外实行区域分包的模式，也就是公司给门店销售一个底价和一定的支持力度，实行竞争上岗的区域分包模式，区域分包模式必须要由公司来统一制定销量目标，由公司来统一管理。此外，必须继续坚持销售团队训练，因为销售团队训练不仅仅能提高销售团队的能力，更为重要的是在批次训练当中，经过对企业核心价值观"服务创造价值，营销改变生活"的反复宣贯和强化训练，建立起了团队强大信念，从而将诚信、服从、勤奋、精进等企业核心理念形成了每一个人的潜意识，让团队每一个人最大限度的自动自发的努力工作，大大提升了管理效率，降低了管理成本，并且逐渐形成了一支有口皆碑的有强大凝聚力且"来之能战，战之能胜"的销售铁军。

2011年，新的模式开始启动，效果逐渐开始显现：以往出师不利的广州市场改变以往的颓废之势，实现了盈利和开门红，让团队上下非常振奋。同时佛山、中山、惠州等地也捷报频传，市场启动良好。2011年度全标的销售额就突破了1亿元。

正确的理念、正确的发展模式和正确的模式开始迸发出巨大的力量：2012年，珠海、韶关、普宁市场启动；2013年，梅州、华南江苏市场开始启动，导入新的单品维生素D和桑椹膏，经过对销售团队和终端导购的批次以产品技能为核心的销售训练，单品很快超过月销售量三万盒，销量增长之迅速，让业内很多高管都赞叹不已；2014年，营养包市场开始启动，市场进一步渗透，销售额继续稳步增长；2014年年底，在原先业务+导购驱动模式的基础上，钟总确定了针对渠道成员包括医药公司、单体店、连锁药店等实行"套路精准、线路清晰、互为犄角、相互协助"的经营宗旨，从而实现产品+区域的市场共振，并且在销售良好的区域和终端实现裂变，从而达到市场进一步深度覆盖和销量持续增长的效果；这种拉动战略纵深的经营模式在2015年同样成效斐然，销售额实现了同比翻一番。

"服务创造价值，营销改变生活"是全标药业的核心理念，"诚信、积极、勤奋、精进"是全标药业的用人标准，有正见、正信、正念是全标药业能够持续进步的基础，在正确的价值观指导下，我们相信全标药业一定能走得更稳健、更长远，也一定能基业长青。

本章要点回顾

●建立科学的考核机制是督促员工完成任务的基础管理手段；

● "PK+承诺"是激发团队积极性，完成销售任务的重要手段；

●每日销售动作管理是销售管理的核心，一定要管理好每个组织每个人每天的销售动作和销售目标的实现；

●公众销售承诺实施节点和后续跟踪是实现承诺的要点；

●执行力提升的关键点就是"装程序"；

●提炼企业核心价值观在关注企业的同时，一定要关注员工，这样才能建立员工的信念，实现"上下同欲，上下同心"，有利于建立自动运转的机制；

●核心价值观与关键行为训练会促进执行力的提升；

●每家企业都必须有自己核心价值观的宣言和口号，价值观要变成每一个人的关键行为。